Bernd Wübbecke

Guten Morgen, Herr Lehrer

Erinnerungen eines Dorfschulmeisters

mit Holzschnitten illustriert
von Werner Rauhaus

Westfälische Verlagsbuchhandlung
Mocker & Jahn

CIP-Kurztitelaufnahme der Deutschen Bibliothek
Wübbecke, Bernd:
Guten Morgen, Herr Lehrer: Erinnerungen eines
Dorfschulmeisters / Bernd Wübbecke. – Soest:
Westfälische Verlagsbuchhandlung Mocker & Jahn, 1981.
ISBN 3-87902-113-9

© 1981 Westfälische Verlagsbuchhandlung
Mocker & Jahn, Soest
ISBN 3-87902-113-9
Alle Rechte vorbehalten.

Umschlaggestaltung und Illustrationen im Text:
Werner Rauhaus, Schwelm
Herstellung: Rocholdruck GmbH, Soest
Printed in West-Germany

Inhaltsverzeichnis

Guten Morgen, Herr Lehrer 7
Aller Anfang ist schwer...................... 10
Der Arbeitsdienst 16
Das Urteil.. 20
Wertpapiere....................................... 25
Pastors Geburtstag 30
Die Mennonitenkinder......................... 36
St. Nikolaus 40
Der Christbaum.................................. 44
Ja, das Schreiben und das Lesen............... 51
Redlichkeit.. 57
Ein hartes Geschlecht........................... 65
Schützenfest 73
Die ohnmächtige Allmacht 79
Die goldene Uhr................................. 87
Der Dorfschmied 95
Das verschleierte Bildnis 102
Die alten Bänke................................. 108
Der Dorfteich 115

Die Fehde... 123
Eine Menge Lehren............................... 129
Das Strafgericht 138
Mit Dieben auf du und du..................... 146
Puppenspieler 151
Der Abschied... 155

„Guten Morgen, Herr Lehrer!"

Es gibt nur wenige Augenblicke vollkommener Glückseligkeit in unserem Leben. Das sind Minuten, manchmal nur Sekunden, von Stunden gar nicht erst zu reden, in denen das Schicksal mit gönnerhaftem Lächeln vorüberschreitet. Immer ist sein Schritt eilig, und wenn wir Menschenkinder auch die Flüchtigkeit des Glücks beklagen, so ist, im nachhinein betrachtet, doch alles recht und gut gefügt. Wir haben bei seinem Vorüberrauschen gar nicht erst die Zeit, zu bedenken, wie jammervoll doch manches vorher war und wie beklagenswert es nachher vielleicht wieder sein wird. Eben darin liegt das Geheimnis der Vollkommenheit eines glückseligen Augenblicks verborgen, der sich wie ein Regenbogen über unseren Lebensweg spannt und schon wieder vergangen ist, ehe wir die ganze Erhabenheit seines Spektrums begreifen können.

Freilich, der Vorübergang des gutgelaunten Schicksals war mir angekündigt worden, in einem amtlichen Schreiben sogar, in dem zu lesen stand, daß an meiner politischen Vergangenheit nichts zu bewältigen und ich somit für das Lehramt an einer einklassigen Landschule geeignet sei. Und das alles im Auftrage der Militärregierung und voller Hochachtung.

Es war an einem Herbstmorgen des Jahres 1945, als mir das Schicksal im Vorübergehen mit einem zufriedenen Blick in das Schulzimmer sein allerschönstes Lächeln zeigte:

„Guten Morgen, Herr Lehrer!"

Aus dreiundneunzig Kinderkehlen flog mir der Gruß entgegen, piepsig hell und brüchig rauh. Ganz gleich, in jeder der Stimmen schwang vertrauensvolle Erwartung und das Angebot guter Freundschaft mit.

Vergessen waren in diesem Augenblick sieben bittere Jahre. Mojn, Leute – Kompanie, Achtung – der tausendfache Tod aus Rohrmündungen und Bombenschächten, wenn draußen im Morgengrauen die Front erwachte und sich wie ein feuerspeiender Drache aus dem Schlafe rekelte. Wie weit war das alles plötzlich! Fortgewischt durch einen einzigen Willkommensgruß der Kinder an den neuen Lehrer. Vergessen waren Feindschaft und Haß durch die allerschönste Morgengabe der Freundschaft und Zuneigung:

„Guten Morgen, Herr Lehrer!"

Dreiundneunzig blanke Augenpaare strahlten mich an. Nichts kann mich so in seinen Bann ziehen wie große, helle Kinderaugen. Ein Bannstrahl der Liebe, der da gebündelt auf mich zukam, daß ich einen Augenblick wie geblendet war. Es ist zwar schon wahr, daß Kinder lieblos sein können, freilich nur gegenüber ihresgleichen oder dem wehrlosen Getier. Den Großen aber neigen sie sich zu mit dem ganzen Vertrauen ihrer kleinen Seelen, und es liegt immer nur an uns, ob wir die kindliche Zuneigung wie ein Kleinod in unsere Hände nehmen und das blanke Vertrauen in ihren Augen nicht enttäuschen.

Ich hatte im Kriege viele verkniffene Augen gesehen: hinter dem Visier der Waffen, vor dem Okular der Scherenfernrohre, über den Generalstabskarten. Kalte, auf Vernichtung geschulte Augen, entschlossen, Menschen und Material ins Fadenkreuz zu nehmen. Aber diese Kinderaugen da vor mir! Wie wahr wurde mir mit einemmal das alte Sprichwort: Augen sind der Liebe Pforten ... Welch ein gewaltiger Strahl, der aus den Kinderherzen durch die Pforten auf mich zukam und der mich im Innersten traf!

Einen Augenblick vermochte ich diesen Gruß nicht zu erwidern. Kinder können mich eher aus der Fassung bringen als

Erwachsene. Jahrelang hatte ich vor der Front gestanden, die Augen hunderter harter Männer auf mich gerichtet. Augen, die in der Masse gleichgültig, ausdruckslos, verschlossen wirkten und die in persönlichen Gesprächen über daheim ab und an zu schmalen Pforten zum Innersten wurden. Vor der langen Front aber starrten sie mich nur durch Kommandos an: Augen rechts – die Augen links, Tag für Tag so. Kaum, daß ein warmer Funke diesen Sehschlitzen zu entlocken war.

Ich tat, ehe ich den Kindergruß zu erwidern vermochte, langsam ein paar Schritte in den Schulraum hinein und ließ meinen Blick über die junge Schar wandern. Die Kinderaugen gingen mit. Nahmen diese hellen, wachen Augen wahr, was in mir vorging? Trat ich durch diese Pforten bei ihnen ein als ein hilfloses, aus der Fassung geratenes Schulmeisterlein?

Es muß wohl so gewesen sein; denn augenblicklich ließen mir diese dreiundneunzig Augenpaare ihre Hilfe zuteil werden: Ein Lächeln sprang aus ihnen zu mir über, als wollten sie zutraulich sagen: Versuch's nur! Wir wollen doch gute Freunde sein, heute und morgen, immerdar!

Wir sind an diesem herbstlichen Morgen, als das Schicksal im Vorübergehen ein Goldkorn vor meine Füße fallen ließ, gute, ja die besten Freunde geworden. Zwar habe ich manche von ihnen später aus den Augen verloren, wenn das Leben sie aus der Schulstube und aus meinem Gesichtskreis holte. Aber ich habe ihnen ein Plätzchen in meinem Innern bewahrt, zum Dank für ihren Gruß der Freundschaft, der mir viele Jahre hindurch jeden Morgen entgegenschallte:

„Guten Morgen, Herr Lehrer!"

Aller Anfang ist schwer

Wie lange war es eigentlich her, seit mir die Hochschule in der Stadt nach mancherlei Examensnöten bescheinigt hatte, daß ich nun ein Schulmeister sei und mich aufs Lehren und Erziehen verstünde? Das mußte wohl eine Ewigkeit sein, wie denn schlimme Zeiten im Zurückschauen schnell zu Äonen anwachsen. Aber ein wenig nüchterner betrachtet und an den Fingern abgezählt, blieben immerhin acht lange Jahre, seit man den frischgebackenen Pädagogen in den Waffenrock zwängte. Kaum, daß den glücklichen Absolventen vergönnt war, ein paar Humpen zu schwingen und ausgelassene Kommerslieder zu singen, begann der Drill auf dem Kasernenhof, und übers Jahr rief die Front, die alsbald unter furchtbarem Kreißen immer neue Fronten gebar. Und der Krieg zeigte sich als ein ungemein erfolgreicher Lehrherr, was das Erlernen des Kriegshandwerks betraf.

Aber nun stand ich vor einer neuen Front, unerfahren wie ein Rekrut, dem durch einen verhängnisvollen Irrtum der Schreibstube gleich zum Sturm geblasen wird. Doch diese Front da vor mir war nicht wie die vorderste Heereslinie. Hier galt nicht die Parole, zu zerstören und zu vernichten, sondern aufzubauen und dem jungen Leben wieder neue Kraft einzuhauchen, damit es sich entfalte und zur Reife gelange.

Wie oft hatte ich mich in den einsamen Nächten draußen unter der Zeltplane danach gesehnt, allem Martialischen zu entfliehen und endlich dem allerfriedlichsten und allernützlichsten Handwerk nachzugehen, das die Welt kennt – dem Bilden! Daß indes der Beruf des Menschenbildners zugleich der schwerste ist, sollte ich schon in den ersten Tagen meiner Dorfschulmeistertätigkeit erfahren. Dreiundneunzig Kinder blickten erwartungsvoll auf ihren neuen Lehrer: Nun fang doch endlich an!

Ach, ich wollte ja anfangen, seit vielen Jahren schon, endlich, endlich!

Aber diese Hilflosigkeit! Wo waren da all die Gelehrtheiten geblieben, die wir einst wie durstige Maulesel an den Quellen der Weisheit getrunken hatten? Und schließlich: wie faulig war doch in den Erdlöchern und Bunkern alle Aufgeklärtheit geworden, die wir einst in jugendlicher Überheblichkeit von den Bäumen der Erkenntnis brachen und in unserer Verblendung nicht einmal als Scheinfrucht erkannten? Was von alledem übriggeblieben war, langte, in der Stunde des Anfangs betrachtet, kaum zu einer Handvoll brauchbarer Binsenweisheiten.

Da sitzen nun die Kleinsten vor mir, die jedes Ding noch durch den Zauberspiegel ihrer Phantasie sehen. Ein Steppke kramt einen Hosenknopf aus der Tasche und kräht lauthals in die Klasse: „Lähra, das is'n Mond!" Das Geplapper ist weder wahr noch unwahr. Nur einer von den tausend Gedankenhüpfern, die durch den Kindermund nach draußen springen. Ein großes Mädchen vertraut mir schon nach einigen Tagen sein heimliches Tagebuch an. Verzücktes Schwärmen, entrücktes Schwelgen in Gefühlen, ein seltsames Traumreich, in dem das eigene Ich selbstherrlich lustwandelt. Vom Steppke bis zum Jungfräulein – eine steilere Stiege entwicklungspsychologischer Stufen als in der kleinen Landschule gibt es nicht, über die der Lehrer täglich vielmals auf- und absteigen muß.

Und dann das mi-mi und das o-ma, das mühselige Zusammenklauben der Laute. Schulmeister, hab Geduld, auch mit dem schwächsten Zungenakrobaten!, rede ich mir immer wieder eindringlich selber ein, wenn der Faden der Geduld zu zerreißen droht.

Eine andere Gruppe will zwei Dingwörter zusammensetzen, ‚Blumen' und ‚Kranz' zum Beispiel, und der Lehrer muß beim Binden ein wenig helfen, damit der ‚Blumenkranz' auch zustande kommt und nicht durch ein großes ‚K' in der Mitte aus der Form gerät. Keine Zeit zum Üben, denn ein anderer Jahrgang braucht dringende Hilfe beim Konjugieren. Und schließlich wartet der Balladenkreis auf einen Dialog mit dem Lehrer; die Großen haben den ‚Knaben im Moor' gelesen. Kaum, daß ihnen schon die Sprache, das Rätselhafte, das Abgrundtiefe eingegangen ist. Bild um Bild muß in das Licht des Bewußtseins gehoben werden, wie man alte Holzschnitte aus dunklen Truhen holt. Aber die Zeit, die Zeit! Wir hasten durch die Ballade wie das zage Knäblein durchs Moor.

Mit der gleichen Eile durch die Welt der Zahlen. Stäbchenlegen hier, dort mit den sieben Zwergen im Handumdrehen ins Siebener-Einmaleins; Zinseszinsen hüben und gemeine Brüche drüben. Hundsgemein sogar kann die gemeine Bruchrechnung für einen Schulmeister werden, der die Materie nicht mehr beherrscht. „Herr Lehrer, das stimmt aber nicht..." In der mit mathematischen Formeln gespickten Ballistik draußen hat die simple Bruchrechnung keinen Platz gehabt. Hier drinnen sind mir die Kinder über. Also noch einmal von vorne! Der beste Rechner wird an die Tafel beordert. Unauffällig lerne ich mit. Mitten in diese Lehrstunde für den Lehrer platzt ein fixes Mädchen aus dem Siebenzwergenreich: „Herr Lehrer, ich bin fertig!" Die Gäbelchen und Messerchen und Löffelchen sind so oft numeriert, addiert und multipliziert, daß die Dingerchen im Zwergenhaus wie im Mädchenkopf durcheinanderzugeraten drohen. Die ganz Kleinen haben sich zur Abwechslung die Legestäbchen in Nase, Mund und Ohren gesteckt. Ruhe dahinten – Herr Lehrer, ich muß mal – mein Griffel ist kaputt – Onkel, Ida-Maria sein Schlüpfer, das Gummiband ist los – – –

Wie ein Wrack wanke ich mittags aus dem Schulzimmer. Unterrichten – wie macht man das? Selbst des Nachts träume ich davon. Das letzte Quentchen Selbstvertrauen rinnt gar im Schlaf dahin. Wenn aber der Morgen kommt und die ersten Kinderstimmen auf dem Schulhof zu hören sind, ist's mir, als sei eine neue Kraft über mich gekommen.

In jenen ersten schweren Schultagen leistete mir die Besatzungsmacht unfreiwillig Hilfe. Sie untersagte jeden Geschichts- und Erdkundeunterricht, und auch das Singen wurde weitgehend verboten. Wir bösen Menschen durften ja keine Lieder haben. (Um es vorweg zu nehmen: Wir haben dennoch gesungen, häufig und inbrünstig, und Martin hatte für diese Stunden einen glänzend funktionierenden Spitzeldienst eingerichtet, der uns die Ankunft des Jeeps mit dem Kontrolloffizier der Besatzer rechtzeitig meldete.)

Immerhin kam mir die Beschneidung der Unterrichtsfächer entgegen: Ich konnte mich auf das Wesentliche konzentrieren und den Kindern jene Fertigkeiten vermitteln, die das Leben von ihnen verlangt. Sie lernten schlecht und recht das Lesen, Schreiben und Rechnen und merkten kaum, daß ihr Lehrer selbst noch ein Lernender war.

Freilich blieb die Hast, mit der man die Jahrgangsstufen hinauf-, hinunterspringen mußte. Kaum Zeit zum Verweilen, und nach jedem ‚Aha' ein eiliges Lösen und Hinwenden zur nächsten Gruppe. Das Denkgehäuse eines Landschullehrers glich einer Relaisstation, in der ständig umgeschaltet werden mußte.

Aber noch ein anderes Problem hemmte den Unterricht entscheidend. Es gab keine Bücher! Die Literatur des vergangenen Reiches war durchsetzt mit seiner tausendjährigen Geschichte: ‚Wie Horst Wessel fiel'; ‚Der Führer kennt keinen Schlaf'. Selbst die Textaufgaben in den Rechenbüchern waren braun gefärbt. ‚Unsere Fahne flattert uns voran' in allen Liederheften.

Alle naselang rollte ein Jeep auf den Schulhof. Kontrolloffiziere wohnten schweigend dem Unterricht bei, durchstöberten die Klassenschränke und Tornister. „O. k.! Morning!". Fort waren sie wieder.

An Euphrat und Tigris bedienten sich die Schüler schon vor Jahrtausenden beschriebener Papyrusrollen. Die Stoiker und Eleaten im alten Hellas lasen in den Werken der großen Mathematiker und Denker, und die Römer, die uns die Kultur nordwärts trugen, schleppten Tontäfelchen als Lehrmittel mit sich. Der Schulmeister im Germanien des zwanzigsten Jahrhunderts aber sollte ohne Bücher unterrichten! Es war ihm auferlegt, alles vorhandene Material in der Schule einzusammeln und zu verbrennen.

Da stapelten sich nun einige hundert Bücher auf dem Schulhof, in denen neben weltanschaulichem Unsinn so viel Wertvolles, Wissenswertes und Nützliches schlummerte, und ich konnte mich einfach nicht überwinden, all dies den vernichtenden Flammen zu übergeben.

Während ich, das Feuerzeug in der Hand, noch zögernd vor dem Bücherstoß stand und zwischen fremder, widersinniger Order und eigener, besserer Einsicht schwankte, bemerkte ich, wie meine großen Buben mich prüfend beobachteten. Sie mußten den Zwiespalt in mir gespürt haben; denn plötzlich platzte Martin, der Klassenälteste, heraus: „Eigentlich Blödsinn, Herr Lehrer, alle unsere schönen Geschichten zu verbrennen!"

Blödsinn – das war der richtige Ausdruck. Welcher Schulmeister gab wohl in jener Zeit das letzte Pfand vernünftiger Unterrichtsarbeit gerne aus der Hand! Das Feuerzeug verschwand in meiner Hosentasche.

Abends kamen die großen Mädchen und Jungen zu mir. Wir stöberten jedes Buch gewissenhaft durch, rissen alles, was dem tausendjährigen Wahn huldigte, heraus und verbrannten es im Schulgarten. Das übrige Brauchbare aber wurde im finstersten Winkel der Schulscheune versteckt, aus dem wir nach Bedarf diese oder jene Buchseiten herausholten und sie den Kindern im Unterricht übergaben.

Fortan hockte während der Schulstunden immer ein älterer Junge in einer uralten, krausen Eiche, die einen guten Steinwurf vom Schulhaus entfernt stand. Aus dem knorrigen Geäst heraus lief ein Zwirnsfaden durchs Oberlicht des Klassenfensters, und an seinem Ende hing, raffiniert hinter einer Gardine versteckt, ein winziges Glöckchen. Sobald der Jeep des Kontrolloffiziers in Sicht kam, ließ der Späher im Eichenbaum ein unmißverständliches Klingeling ertönen, und alle losen Blätter verschwanden im Nu von der Bildfläche: bei den Mädchen unter den Kleidern und bei den Jungen im Hosenlatz.

„Morning! What do you do, master?"

„Kopfrechnen, Lieutenant, you know? Only mental arithmetic..."

„O. k.! Morning, Sir! Wie-der-se-hen, Kin-der!"

„Bloß nicht!", rief Martin ihm nach.

Der Arbeitsdienst

Eines berührte mich peinlich, als ich zum ersten Mal klopfenden Herzens das Klassenzimmer der kleinen Landschule betrat. Zwar war mein Sinnen ganz und gar auf die Schar der Kinder gerichtet; meine Augen aber hatten während eines flüchtigen Rundblicks etwas sehr Seltsames entdeckt und in einer tieferen Schicht des Bewußtseins ein Unbehagen ausgelöst, das erst später – vielleicht nach Stunden oder Tagen, ich weiß es nicht mehr – aus dem Unterbewußtsein nach oben drang und auf den jungen Anfänger deprimierend wirkte.

Das geschah in dem Augenblick, als ich, um irgendeine Eintragung vorzunehmen, zum ersten Mal das Katheder bestieg, sage und schreibe vier Stufen empor, so daß ich plötzlich hoch über den Köpfen der Kinder thronte. Für einen Moment kam ich mir vor wie ein Souverän, emporgehoben über seine Untertanen. Diese ungewollte ‚Überheblichkeit' stimmte mich traurig, drohte sie doch das eben geschlossene Freundschaftsband zwischen Schülern und Lehrer jäh zu zerreißen. Der da oben konnte ja nicht mehr ihr Partner sein, denn er war ihnen dank einer behördlichen Einrichtung enthoben. Ein Aufseher eher denn ein auf gleicher Ebene Wandelnder.

Eine bedrückende Erinnerung flammte in mir auf, einen Augenblick nur: Ich sah im Geiste die Wachttürme der Ukraine, von denen Aufseher auf die Kolchosarbeiter niederblickten. Aufpasser, Schergen einer unsichtbaren Macht.

Eine unsichtbare Macht aber hatte einst jene erhöhten Pulte in der Schule befohlen, und alte Erlasse verboten dem Lehrer sogar, während des Unterrichts jenen respektheischenden Thron zu verlassen. Man hatte ‚ex cathedra' zu lehren.

Ich habe meinen Landschulthron nur dieses eine Mal bestiegen. Am Nachmittag kamen die großen Jungen in die Schule und halfen mir, das Ungetüm von Podium abzureißen und in Kleinholz zu zersägen. (Wir kamen einen langen Winter damit aus.) Das Pult selbst wurde von den geschickten Händen meiner Buben zu einem brauchbaren Büchereischrank umgebaut.

Überhaupt gab es im Schulzimmer eine Menge Arbeit. Während die großen Mädchen eingerissene Gardinen stopften oder nähten, Schränke säuberten und Blumen pflegten, reparierten die Jungen die im Laufe der Zeit wacklig gewordenen Bänke, auf denen die Hinterteile von Generationen hin- und hergerutscht waren. Aus den Wänden wurden halbverrostete Nägel und Haken gerissen, an denen einst die Bildnisse von Königen, Kaisern und Kanzlern sowie zahlreiches ausgestopftes, verstaubtes Getier gehangen hatte, dessen überlebenden Artgenossen meine Kinder täglich draußen in der freien Natur begegneten. Und wenn Martin einem besonders hartnäckigen Exemplar von Stahlhaken mit der Brechstange zu Leibe rückte, kam es wohl vor, daß ein ganzes Stück Putz mit herausfiel. Kein Unglück für Kerle, die auch mit Kelle und Putzbrett umzugehen wußten. Und weil sich das Zimmer hernach vor lauter Flickstellen in schauderhafter Buntheit präsentierte, erschienen eines Nachmittags mehrere Jungen unaufgefordert mit Leitern, Quasten und einem riesigen Eimer Weißelkalk und begaben sich an die Arbeit.

Als einige Wochen später aus dem Klassenraum ein Schulzimmer geworden war, ein bescheidenes zwar, aber doch ungemein freundlich, ging der Arbeitsdienst draußen weiter. Amerikanische Panzer waren in den letzten Kriegstagen kreuz und quer über die große Wiese gerollt, die zugleich als Schulsportplatz diente, und hatten fußtiefe Fahrspuren hinterlassen. An Spiel und Sport war daher vorerst nicht zu denken.

„Die Rillen müssen mit Erde ausgefüllt werden!" sagte Martin bei einer Besichtigung des Platzes, und in seiner Stimme schwang jener Unterton mit, den entschlossene Generalstäbler gegenüber unschlüssigen Generälen anzuwenden pflegen, um ihren Plänen Nachdruck zu verleihen.

„Woher die Erde nehmen?", warf ich ein.

Martin grinste übers ganze Gesicht. Der Ton meines Einwands hatte dem gerissenen Generalstäbler schon verraten, daß die Aktion bereits genehmigt sei, falls Erde ...

„Wir heben die Gräben am Schulweg aus; der Bürgermeister wird sich freuen."

Nachmittags rückten an die zwanzig Handwagen an. Jungen und Mädchen in hellen Scharen. Martin hatte die letzten Reserven mobilisiert. Die Schaufeln flogen, die Räder ächzten, und die Stampfer sausten auf die frischen Soden, daß die Erde erzitterte.

Nach drei Tagen war der Platz geebnet. Am vierten Tag stieg das erste Fußballspiel mit einem ausrangierten Medizinball. Am fünften humpelte ich mit geschwollenen Zehen einher, und als Martin am sechsten Tage zu mir kam mit der herausfordernden Frage: „Meister, was sollen wir heute tun?", wies ich ihn barsch ab und deutete auf meinen großen Garten, dessen herbstlicher Umbruch mir einige Nachmittage Arbeit abverlangte. „Keine Zeit heute, Martin, die ganze Woche nicht mehr. Zu Allerheiligen muß der Garten umgegraben sein..."

Enttäuscht zog der Junge ab.

Nach dem Mittagessen gönnte ich mir ein kurzes Schläfchen, weil ich bis in den Abend hinein graben wollte.

Ich mußte gerade im tiefsten Schlummer gelegen haben; denn ich fuhr erschrocken empor, als es an der Haustür stürmisch läutete. Ärgerlich fuhr ich in die Hosenbeine, um nachzusehen, wer da meine kurze Siesta störte.

Als ich jedoch die Haustür öffnete und auf den Schulhof hinausblickte, schlug mein Ärger augenblicklich in ein schallendes Gelächter um. Draußen standen, in Reih und Glied angetreten, an die zehn große Jungen, die Spaten zum Präsentiergriff erhoben. Die Blicke waren auf mich gerichtet.

Martin trat vor, schlug die Hacken zusammen und brüllte schnarrend über den Hof: „Melde, Herr Lehrer, soundsoviel Mann zum Graben angetreten!" Der Soldatenjargon war in den Köpfen der Buben im Kriegsspielalter hängengeblieben.

Trotz allem: es war ein köstlicher Spaß meiner Jungen, ja, wohl auch ein Zeichen guter Kameradschaft.

Natürlich mußte ich auf den Spaß eingehen, schritt langsam die ‚Front' ab und wandte mich dann dem Initiator zu:

„Danke, Feldmeister! Lassen Sie rühren und abtreten!"

Kommandos, Kehrtwendung, und der ‚Arbeitsdienst' stob in den Garten.

Als ich mich umgekleidet hatte und selber mit Spaten und Flechtkorb vor dem Gartentor erschien, war bereits ein gutes Stück fachgerecht umgebrochen. Die Schollen flogen, die ersten Schweißperlen rannen. Und der frisch gepflanzte Grünkohl für den Winter war beim Sturmangriff auf die Rabatten schon überrollt und untergegraben.

Das Urteil

Trotz aller Schliche, den lästigen Aufpassern der Besatzungsmächte ein Schnippchen zu schlagen, trotz aller Kniffe, die man sich im Laufe der Zeit aneignete, um die steilen Hürden der Methodik leichteren Fußes zu überspringen – es war schon eine liebe Not mit dem Unterrichten. Docendo discimus – eine Scherbe auf meinem Schreibtisch mit dem eingeritzten krausköpfigen Römerbuben, der die Papyrusrolle zur Schule trägt, und mit eben jenem weisen Spruch erinnerte mich tagtäglich daran: Durch Lehren lernen wir. Also unterrichte nur schön darauf los, sagte ich mir jeden Morgen, dann werden die Köpfe deiner Schulkinder eines absehbaren Tages mit allerlei Wissenswertem bis zum Bersten gefüllt sein! Dann wird man im Dorfe sagen: Welch ein Genie, unser Herr Lehrer!

Es ist wohl gut so gefügt, daß ahnungslosen Menschen, die eine Wanderung antreten, das Gefühl der Leichtfüßigkeit verliehen wird, damit sie nur rüstig ausschreiten und schon eine gute Wegstrecke hinter sich haben, ehe ihnen die mühsame Steilheit des Pfades recht bewußt wird. Man schwebt wie auf Flügeln dahin und wundert sich, welch schleppenden Schrittes doch die andern sich vorwärtsquälen.

Aber schon bald kam die Einsicht, daß Unterrichten nicht gar so einfach sei und daß jede pädagogische Himmelsstürmerei mit einem schmerzhaften Absturz auf den harten Boden der Wirklichkeit enden müsse. Denn die meisten Denkgehäuse meiner Kinder glichen einem Sieb mit hundert Löchern, durch die zu meiner Verwunderung ein gut Teil der eingegebenen Weisheit wieder auslief. Und schließlich merkte ich auch, daß ich beim Einfüllen statt einer soliden Kelle wohl einen Schaumlöffel verwendet haben mußte. Der Weg zum Erfolg wurde unversehens steiler. Schneller, als ich geahnt hatte, verlangsamten sich die ungestümen Schritte des Debütanten. Ich begann, nach dem rechten Weg zu fragen.

Nach dem Weg hat vor Jahrtausenden schon der Paidagogos im alten Hellas gesucht. Meta hodon?, fragte er sich. An langen Abenden, in schlaflosen Nächten stellte sich der Schulmeister des 20. Jahrhunderts dieselbe Frage nach der rechten Met-hode.

Und dabei fiel ihm sehr bald auf, daß es keine Allerweltsmethode gebe, mit der man nach einem immer gleichbleibenden Rezept die Köpfe der Kinder mit allerlei Wissenswertem füllen könnte. Jeder kleine Schritt mußte reiflich überdacht, jedes Quentchen Bildungsgut abgewogen und dosiert werden. Und dann ein Hineinhorchen in die kindliche Seele, ein behutsames Abtasten seines Geistes, wieviel man denn dem kleinen Hirn wohl zumuten könne; und letzten Endes mußte man auch gründlich auf die kleinen Mäuler geschaut haben, damit zwischen hochtrabendem Lehrergerede und kindlichem Gepappel keine Kluft entstehe, die jedes Echo verschlingen könne.

Meta hodon? Welcher Weg?

Die gleiche Frage einst an den Schulen Ioniens wie heute an der kleinen Landschule Deutschlands.

Meta hodon? Welcher Weg?

Ein tägliches Tasten, ein ständiges Suchen und Sich-irren, ein Zurückstecken und Neubeginnen. Wehe dem Lehrer, der seinen kleinsten Mißerfolg ignoriert und den nächsten Fuß auf eine brüchige Stelle setzt! Sein Unterricht ist nur Blendwerk, und in den Denkgehäusen seiner Kinder siedelt sich nichts Solides an, sondern nur wirres Zeug – keine feste Nahrung für das geistige Wachstum.

In jener Zeit gewann ich noch eine andere, weit wichtigere Erkenntnis. Was nutzten die kunstvoll aufgebauten Unterrichtsentwürfe, was die methodisch durchdachtesten Lektionen, wenn eines fehlte: die Zuneigung der Kinder! So wie die Knospe sich der Sonne zuneigt und aufspringt, wenn ihr wärmender Strahl sie trifft, so müßte sich auch die junge Schar dem Lehrer zuwenden, wenn sie die Wärme seines Herzens verspürte. Wenn sie Freundschaft finden würde statt Obrigkeit, Vertrauen statt Argwohn, Verständnis statt ewigen Strafgerichts. Wenn es aus dem kindlichen Mund hervorsprudeln dürfte wie der Strahl einer Springquelle, sprühend und sich überschlagend, ohne daß ihrem Plappermaul jedesmal ein alles versiegender Spund aufgesetzt wird: So spricht man nicht, oder: Was du so daherredest ...

Ich war glücklich genug, als ich schon bald die Zuneigung der Kinder empfand. War es meine Jugend oder die hellwache Erinnerung an meine eigene Kindheit mit ihrem meist unerfüllten Sehnen nach Verstehen und Vertrauen? Jedenfalls schenkten sie mir grenzenloses Vertrauen, offenbarten mir ihre verborgensten Gedanken und kamen mit all ihren Sorgen und Nöten zu mir. Das freilich kostete Zeit – zum Anhören, zum Sprechen, zum gemeinsamen Überlegen und zum Ratgeben. Aber diese Zeit war wohl ebenso fruchtbringend wie die vielen Stunden, die man zum Aufbau einer kunstvollen Lektion verwandte.

Des Nachmittags sah ich Kinder in der Nähe der Schule umherschleichen, hoffend, der Lehrer würde sie bemerken und sie vielleicht um eine kleine Handreichung bitten. Ging ich durchs Dorf, kamen sie von den Leiterwagen und aus dem Scheunengebälk herabgeklettert und begleiteten mich ein Stück des Weges, manchmal ein ganzes Gekrabbel um mich herum wie weiland um den Rattenfänger zu Hameln. Betrat ich aber ihre Stuben, dann sprachen sie so frank und frei mit mir, als gehörte ich zur Familie, was die Eltern manchmal in peinliches Staunen versetzte.

War das der rechte Weg eines Erziehers? Diese Frage stellte ich mir oft, denn die Unerfahrenheit lastete doch wie ein Mühlstein auf dem jungen Landschulmeister, dem mit einemmal so viel ungewohnte Verantwortung in die Hände gelegt war.

Als ich wieder durchs Dorf ging, begegnete ich dem alten Wigger. Der war schon ein angesehener Mann, denn er saß als Altbauer auf einem stattlichen Hof und wußte auch im Gemeinderat sein Wort zu machen. Er kam mir auf der Dorfstraße entgegen, als sich wieder eine munter plaudernde Rotte Kinder an meine Rockschöße gehängt hatte. Der Alte blieb stehen, was hierzulande so viel bedeutet, daß der Entgegenkommende ebenfalls zu verweilen und dem anderen das Wort zu gönnen habe.

„Seid Ihr der neue Herr Lehrer?" platzte er heraus, wobei er, mit seinem Spazierstock herumfuchtelnd, der jungen Meute unmißverständlich zu verstehen gab, daß sie zu verschwinden habe. Die Kinder zogen sich in eine angemessene Entfernung zurück.

Ich setzte die allerfreundlichste Miene auf, trat auf den alten Wigger zu und streckte ihm die Hand entgegen, die er nicht ohne Herablassung ergriff.

„Ihr mögt ja in der Schule ganz tüchtig sein", knurrte er, wobei er seinen gelblichen Bart kaute, „aber die alten Lehrer waren doch besser!"

Ich war ob dieses unverblümten Urteils keineswegs beleidigt, nur ein wenig überrascht. Was in aller Welt veranlaßte diesen weisen Alten, mitten auf der Dorfstraße in zwar angemessener, aber doch lauschbarer Entfernung von meinen

Schulkindern solch ein wenig schmeichelhaftes Urteil zu fällen?

Ich blieb freundlich. „Da werden Sie recht haben, Herr Wigger", sagte ich höflich, „denn sicher fehlt mir noch viel Erfahrung. Meine Vorgänger waren ja viel älter ..."

„Nix da Erfahrung", unterbrach er mich wirsch, „nix Alter! Auf die Haltung kommt's an! Wenn früher ein Lehrer durchs Dorf ging, dann waren alle Kinder im Nu verschwunden. Die hatten noch Respekt vor ihrem Herrn Lehrer! Aber heutzutage ...? Nein, nein, nein!"

Kopfschüttelnd trottete der Alte weiter.

Ich sah zu meinen Rangen hinüber, die sich hinter den Flechten eines Ackerwagens verkrochen hatten. Sie grinsten zu mir herüber. Ich lachte zurück.

Und dann war die ganze fröhliche Schar wieder an meiner Seite, und ich zog mit ihnen weiter des Weges, der vielleicht doch nicht der schlechteste war.

Wertpapiere

Ich habe oftmals erfahren müssen, daß eine Sache, die noch so widerwärtig und unzulänglich erscheint, im nachhinein doch eine recht nutzbringende Kehrseite zeigt. Man kann nicht umhin, dem Schicksal, dem oft verwünschten, eines Tages Abbitte zu leisten.

In meiner kleinen Landschule hatte es das Schicksal so gefügt, daß im Anfange nur das Wort war. Ehe ich mit der Zeit auf herausgerissene Seiten aus verrufenen Schulbüchern zurückgreifen konnte, was bei Androhung der sofortigen Entlassung aus dem Schuldienst verboten war, stand das gesprochene Wort im Mittelpunkt unseres Unterrichts. Wir versuchten, miteinander ins Gespräch zu kommen, zögernd zuerst, ein wenig unbeholfen, denn das Miteinanderreden will gelernt sein. Dabei waren wir alle Lernende: die Schüler, sich zu öffnen und frank und frei zu sprechen, und der Lehrer, daß er Geduld übe und sozusagen aus der Peripherie des Gesprächskreises heraus auf das unauffälligste die Unterhaltung lenke und in Fluß halte. Von einem zügellos freien Gerede habe ich zeitlebens nichts gehalten, es erzieht letzten Endes doch nur zu Schwatzhaftigkeit und Salbaderei.

Während wir miteinander redeten, ohne Scheu und doch mit manierlichen Umgangsformen, kam ich aus dem Staunen nicht heraus. Wie mancher nützliche Gedanke rang sich da aus einem Mund mit schwerer Zunge, und selbst der rote Krauskopf drüben in der Fensterreihe, dieser notorische Schweiger, redete stumm durch heftiges Gestikulieren und Mienenspiel mit.

Immerhin, der uns auferlegte Zwang zum Gespräch wurde zu einem Grundpfeiler gegenseitigen Verstehens zwischen

Schülern und Lehrer, und die Bücherknappheit zeigte hier ihre durchaus angenehme Kehrseite.

Dennoch belastete das Fehlen des Geschriebenen den Unterricht anfangs schwer. Dem Hilferuf der Schulen an die Militärregierung um die Herausgabe neuer Bücher folgte immer die gleiche Antwort: Es ist kein Papier da ...

Nicht einmal zum Schreiben gab es Hefte. Die Kinder kritzelten auf die Ränder alter, in Borden und Läden aufgestöberter Zeitschriften oder Hauspostillen.

Am ärgsten aber war die Not der Papierknappheit auf jenen stillen Örtchen hinterm Schulhaus zu spüren. Die Zeit der reifen Pflaumen und unreifen Äpfel war wie geschaffen, der Leere in den Mägen durch einen Steinwurf in die Obstbäume entlang des Schulweges wirksam zu begegnen – wer wollte es den Kindern verargen? Die Wirkung des Obstfrühstücks aber zeigte sich hernach in der Schule von ihrer schlimmen Seite. Alle Augenblicke flog ein Finger hoch: „Herr Lehrer, darf ich mal raus?", wobei die andere Hand zum Zeichen eines hinhaltenden Widerstandes gegen einen hochnotpeinlichen Drang auf das Hinterteil gepreßt war. In den Örtchen fehlte das Papier, eine schreckliche Not in dieser Pflaumenzeit! Jeder in irgendeinem Winkel aufgetriebene Fetzen wurde dort hinter dem Schulhaus zu einem Wertpapier mit ständig steigenden Kursen.

Eines Tages hieß es, es könnten wieder Hefte bezogen werden, aus minderwertigem, grauen Papier zwar, aber für die nötigsten Schreibübungen doch leidlich verwendbar. Ich schwang mich aufs Fahrrad, dessen Reifen mit Flicken übersät waren, und hoppelte in die Kreisstadt, um ja beim ersten Abschöpfen des Vorrats dabei zu sein. Aber wie groß war die Enttäuschung, als der Händler einen Gutschein forderte, den zu erlangen man zunächst Unmengen von Altpapier in einer Sammelstelle abzuliefern hatte.

Resigniert kehrte ich in meine Schule zurück und erzählte den Kindern beiläufig, was mir widerfahren war. Der Wert des Papiers war ins Unermeßliche gestiegen.

Wenige Tage später knarrte ein Pferdefuhrwerk mit einem Vierzöller-Ackerwagen auf den Schulhof, bis oben bepackt mit alten Büchern, Pappe und Zeitungsbündeln. Martin hatte mal wieder seine Leibgarde alarmiert, sich vom Vater für einen Tag Pferde und Wagen ausgeliehen und alle Häuser der Schulgemeinde nach Altpapier durchwühlt. Voller Stolz thronte er, die Peitsche schwenkend, hoch oben auf dem Papierfuder. Seiner Miene war unzweideutig zu entnehmen: Na, wie haben wir das mal wieder gemacht? Wenn du deine alte Garde nicht hättest ...!

Für diesen Großtransport an Altpapier erhielten wir – sage und schreibe – dreißig Hefte, ein Tropfen nur auf den heißen Stein, gewiß, aber auch ein Schatz für unsere arme Schule. Natürlich wollten die großen Jungen den Reichtum gleich unter sich teilen, das wäre sicher auch ihr gutes Recht gewesen. Aber dann gingen doch die Meinungen, wer denn außer den sieben oder acht Altpapiereintreibern mit einem Schreibheft bedacht werden sollte, arg auseinander. Wiesen die einen galant auf die Mädchen (die großen natürlich nur), wetterten die anderen leidenschaftlich dagegen: Bloß den Weibern nichts! Schließlich wurde der Schiedsspruch dem Lehrer überlassen, und der entschied ganz anders: „Wenn wir demnächst die neuen Lernanfänger aufnehmen, haben wir für sie nicht einmal ordentliche Lesebücher. Wie wär's, wenn wir gemeinsam, die Jungen malend, die Mädchen schreibend, die Hefte in lauter schöne, bunte Fibeln verwandeln würden?" „Einverstanden!", brüllte Martin in die Klasse, und seine Stimme hatte Befehlsgewalt.

Die großartige Sammelaktion von Altpapier im Dorfe hatte freilich noch eine schlimme Folge. Für die stillen Örtchen hinterm Schulhaus war nun beim besten Willen kein Fetzen mehr aufzutreiben, der ausgereicht hätte, um die ärgste Not in dieser Pflaumenzeit zu lindern. Das Dorf war wie leergefegt, und Zeitungen, die für Nachschub hätten sorgen können, gab es zu dieser Zeit noch nicht wieder. Alles vorhandene Papier wurde laut Dekret der Militärregierung den politischen Parteien zur Verfügung gestellt, die im staatlichen Trümmerhaufen der Nachkriegszeit schüchtern und schwindsüchtig wieder zu keimen begannen. Und eben dieser Schwindsüchtigkeit, die durch Elend und Lethargie nur verschlimmert wurde, wollte man durch Propagandamaterial in Form von Druckschriften und Flugblättern begegnen. Einer von den wenigen, die sich politisch engagierten, war der Schulrat, ein frommer Mann mit kindlichem Gemüt und einem Verstand, der von keiner schulpraktischen Sachkenntnis getrübt war. Er kam überhaupt nur einmal während seiner Amtszeit in meine Schule, wiewohl man doch einen guten Schul-Rat hätte gebrauchen können. Dieser eine Besuch war nur von kurzer Dauer. Der Schulrat hielt mit bewegter Stimme eine Ansprache an die Kinder, die in der unvermittelten Frage endete, ob sie auch fleißig beteten. „Klar!", rief Martin aus der hintersten Reihe, zerrte einen Rosenkranz aus der Hosentasche und ließ ihn um den Daumen wirbeln. Das Vorzeigen des frommen Requisits, welches der Junge aus unergründlichen Motiven im tiefsten Zipfel seiner Hosentasche mit sich trug, machte auf den hohen Besucher einen gewaltigen Eindruck. „So ist's recht, Herr Lehrer", sagte er, „nur weiter so!"

Dann aber entlud er seinem Dienstauto eine Unmenge an politischem Werbematerial, das sich alsbald im Schulzimmer stapelte, und forderte mich auf, es den Kindern mit nach Hause zu geben.

Als der Schulrat gegangen war, ließ Martin einen Seufzer der Erleichterung vernehmen.

„Was ist, Martin", fragte ich ihn, „hat dich der Schulratbesuch so aufgeregt?"

„Das gerade nicht, Herr Lehrer", kam die Antwort, „aber das viele Papier da ist ja das reinste Wertpapier!" Wertpapier, hm – – woher hatte der Junge nur seine altklugen Einfälle? Aber recht hatte er, so recht! Bei uns waren die Aktien binnen einer halben Stunde ins Unermeßliche gestiegen: wir hatten reichlich Papier für die stillen Örtchen hinterm Schulhaus! Was konnte uns da die Pflaumenzeit noch anhaben?

Es langte sogar, akkurat in postkartengroße Blätter geschnitten und an spitzen Nägeln aufgehängt, für ein gutes Jahr. Die Hinterseiten gerieten wieder in Ordnung, und damit war bewiesen, daß auch ein unterrichtsstörender, wenig nützlicher Schulratbesuch im nachhinein seine durchaus nutzbringende Kehrseite hatte.

Pastors Geburtstag

Der Herr Pastor, der Herr Doktor, der Herr Apotheker, der Herr Lehrer – vier auf dem Lande mit dem achtungsvollen „Herr" beehrte Persönlichkeiten. Es sind ja studierte Leute, diese Vier, die nur eine kleine Zeitspanne mit den Dorfkindern gemeinsam die harten Bänke der Landschule gedrückt und dann draußen in den Hochschulen aus dem Füllhorn der Weisheit getrunken haben. Darum sehen die Bauern zu ihnen auf wie zu Weisen, die ihrem Horizont entrückt sind, und trauen ihnen manchmal gar geheimnisvolle Kräfte zu. Vermag denn nicht der Herr Pastor hinterm Beichtstuhlgitter durch ein lateinisches Gemurmel all die kleinen Teufelchen aus ihren Seelen zu vertreiben? Kann nicht der Herr Doktor mit seinem simplen Hörrohr in ihre Leiber hineinhorchen und der Herr Apotheker durch allerlei Zaubermittel aus geheimnisvollen Fläschchen das Kochen in ihrer Brust stillen? Oder bringt es der Herr Lehrer nicht auf eine rätselhafte Weise fertig, aus einem Tunichtgut letzten Endes doch einen leidlich brauchbaren Hoferben zu machen? Da sieht man's, was Gelehrsamkeit vermag! Alle Achtung jedenfalls vor diesen studierten Herren mit ihren Zauberkünsten!

In meiner kleinen Schulgemeinde gab es keine Kirche und also auch keinen Herrn Pastor. Der Herr Doktor mußte aus dem nächsten Dorf kommen, wenn einen das Zipperlein plagte, und ebenso weit war der Weg, um beim Herrn Apotheker das unleserlich bekritzelte Rezept gegen Gichtsalbe oder Hustentropfen einzutauschen.

In meinem Schuldorf gab es mithin nur einen Herrn, und das war der wohlachtbare Herr Lehrer, das stillschweigend anerkannte geistige Oberhaupt der Gemeinde, Helfer und

Ratgeber in hundert Nöten, wie man es von einem studierten Herrn billigerweise verlangen kann.

Freilich fühlte ich mich nicht recht wohl in dieser Haut, ja, ich trug an der Bürde des Ansehens anfangs schwer. Ich war noch jung, so blutjung und unerfahren, und die alten Bauern, die mich devot mit „Guten Tag auch, Herr Lehrer!" grüßten, hätten meine Väter oder Großväter sein können. Bei jeder Begegnung war ich verwirrt und verlegen.

Die Lehrer aus den anderen Dörfern des Kirchspiels hatten es da schon leichter. Lauter alte Herren, so hatte man mir erzählt, die sich vor Jahrzehnten in ihren Schulhäusern eingenistet hatten und dort entgegen allen Gepflogenheiten weit über ihre Altersgrenze hinaus zu unterrichten gedachten. Ich war gespannt, diese ehrwürdigen Häupter einmal kennenzulernen.

Die Begegnung mit der übrigen Lehrerschaft des Kirchspiels sollte mir schon bald, und zwar auf eine kuriose Weise, vergönnt sein. Ich war erst wenige Wochen im Amt, als mich an einem regnerischen Novembermorgen der Vikar anrief. „Herr Lehrer, Sie haben doch an den Geburtstag des Herrn Pastors gedacht? (Ich hatte nicht.) Achtzig Jahre alt wird der hochwürdige Herr heute. Um elf Uhr ist Empfang für die verehrten Herren Lehrer im Pastorat!"

Hoch- und verehrungswürdige Herren, die geistige Elite des ganzen Kirchspiels, gaben sich also ein Stelldichein. Und ich junger Kerl, eben erst aus der grausamen Demütigung der Gefangenschaft entlassen und urplötzlich emporgehoben in die Glorie dörflichen Herrentums, durfte hineintreten in den erlauchten Kreis der Souveräne aus den umliegenden Dörfern!

Freilich gab es da einige Probleme. Draußen goß es in Strömen. Der Weg zum Kirchdorf war weit und schlecht. Mein

Stahlroß, das den Krieg leidlich überstanden hatte, lahmte in allen Gelenken.

Aber das Schlimmste: Ich hatte nichts Vernünftiges, Standesgemäßes anzuziehen. Ein altersschwacher, grauer Anzug, klamm und muffig aus einem kellerfeuchten Versteck geholt, schlockerte mir um den Leib wie Lumpen um das Gestänge einer Vogelscheuche. Für meine Schuhe hätte ich keinen Schuster mehr zum Nähen und Flicken gefunden. Der blau gefärbte, abgeschabte Kommißmantel zeigte helle Wasserflecken und war scheckig wie ein Chamäleon. Und erst der Schlapphut! Den hatte ich auf der Wanderung aus der Gefangenschaft nächtens im Strohhaufen einer Feldscheune gefunden. Vielleicht hatte ihn ein Landstreicher dort liegengelassen, weil es unter seinem Filz verdächtig zu jucken begann. Ich habe als dankbarer Finder nichts von dergleichen Belästigungen verspürt, wohl aber, daß es bei Regenwetter aus seiner Dachmulde gleichmäßig auf meinen Schädel tropfte.

Wie schäbig und ärmlich auch meine Bekleidung beschaffen war – ich mußte den Weg zum Stelldichein der hoch- und ehrwürdigen Herren wagen; denn schließlich, so redete ich mir ein, waren diese ja trotz ihres gewaltigen Ansehens fromme Leute, die sich in der Schrift auskennen mußten, der zufolge selbst Bettler und anderes Lumpengesindel aus dem Gestrüpp der Landstraßen an die Festtafel geholt worden waren. Unterwegs freilich gerieten derartige tröstliche Gedanken einige Male ins Wanken, wenn Krähen der vorbeiradelnden Vogelscheuche ansichtig wurden und sich krächzend davonschwangen.

Als ich mich schließlich dem Pfarrhaus näherte, waren Mantel, Hose und Schlapphut so vom Regen durchtränkt, daß sie eine der Würde des Tages angemessene Schwärze angenommen hatten. Ich glich einer im Tümpel ertrunkenen grauen Feldmaus, der das Fell schwarz und zottig um die erstarrten Knöchelchen hing.

Von weitem sah ich schon die Schar der Herren Lehrer vorm Pfarrhaus stehen. Zylinder, Cutaways, Glacéhandschuhe, und die ganze schwarze Feierlichkeit regenbeschirmt. Gedämpfte Unterhaltung im Kreise der Wartenden, während im Pfarrhaus noch die Kirchenprovisoren ihre Aufwartung machten.

Ich muß auf die Runde der Kathedergewaltigen den Eindruck eines heruntergekommenen Vagabunden gemacht haben, dessen Nase meilenweit einen Festtagsbraten auszumachen versteht und der die Unverfrorenheit besitzt, felsenfest auf pastorale Mildtätigkeit zu vertrauen. Indem ich den Schlapphut von meinem in der Gefangenschaft kahlgeschorenen Schädel zog, recht vorsichtig, damit aus seiner regengefüllten Krempe sich ja kein Sturzbach auf die ehrwürdigen Häupter ergoß, sprach ich den mir am nächsten stehenden Schulmeister an und fragte bescheiden, wann denn Einlaß beim Herrn Pastor sei. Daß ich der neue Lehrer der kleinen Landschule droben überm Berg und mithin einer ihrer Kollegen sei, wagte ich eingedenk meines erbärmlichen Habits gar nicht erst zu gestehen.

Immerhin brachte die dreiste Störung der erlauchten Runde durch ein kahlköpfiges Lumpenbündel die alten Herren in Harnisch. „Scher dich zum Teufel, Bürschchen! Der hochwürdige Herr empfängt gleich die Lehrer! Zu betteln gibt's heute nichts, verstanden?"

Eine Handbewegung deutete an, daß ich schleunigst zu verschwinden habe.

Da öffnete sich die Tür des Pfarrhauses, und die Kirchenprovisoren traten, dicke Zigarren rauchend, ins Freie. Der letzte, Vater dreier meiner Schulkinder, blieb, als er meiner ansichtig wurde, entsetzt stehen. „Aber Herr Lehrer, da hätte ich Sie bei dem Hundewetter doch in meinem Kutschwagen mitnehmen können ..."

Entgeistertere Gesichter als die unter den seidenen Zylinderhüten habe ich nie in meinem Leben gesehen.

Im Pfarrhaus löste sich die ganze Begebenheit in Wohlgefallen auf. An der reich gedeckten Tafel erhielt ich als Jüngster zwar den letzten Platz, wie es sich wohl geziemt. Aber die Herren Lehrer reichten ihrem neuen Herrn Kollegen aus lauter Mitleid vor so viel Haut und Knochen und dürftigen Kleiderfetzen zuallererst die dargebotenen Leckerbissen, und der alte Wein aus tiefen Kellern, dem Benjamin mehr als üblich nachgefüllt, verscheuchte bald die Fremdheit zwischen den Schulmeistergenerationen und überbrückte schnell die Kluft zwischen gebügeltem Schwarz und zerknittertem Bunt.

Als ich inmitten der Schulmeister später das Pfarrhaus verließ, satt und fröhlich vom Wein, fühlte ich mich nicht mehr als Vagabund, sondern nun erst recht als einer der wohlgeachteten Herren Lehrer. Denn was ein richtiger Souverän ist, der braucht nicht nur die Anerkennung seines eigenen Volkes, sondern auch die huldvolle Bestätigung der übrigen Souveräne ringsum. „Herr Kollege" hatten sie gesagt, und das war viel.

Die Mennonitenkinder

Der Novemberregen klopfte unverdrossen an die Scheiben des Schulzimmers. Die grauen Wolken, die aus der Ebene die Anhöhe hinaufwallten, waren des Steigens müde geworden und luden ihre feuchte Fracht wie überflüssigen Ballast ab. Die Holzscheite im Ofen knisterten und breiteten im überfüllten Raum langsam eine stickige Wärme aus. Von den Kleidern der Kinder löste sich die Nässe und schlug sich an den Scheiben nieder. Der Unterricht kroch in der Treibhausluft müde dahin.

Auf einmal klopfte es. „Schaut mal zu, wer da ist!" Ein Mädchen eilte zur Tür und öffnete. Mit einem Mal quoll eine Schar unbekannter Kinder ins Zimmer. Das älteste, ein stämmiger Junge mit kantigem Gesicht und wasserblauen Augen, kam auf mich zu, gab mir schüchtern die Hand und fragte in einem breiten, dem Ostpreußischen ähnelnden Dialekt, ob sie wohl am Unterricht teilnehmen dürften.

Teilnehmen dürfen, hm! Ich warf einen verzweifelten Blick auf die überfüllten Bänke. Doch was half's!

„Woher kommt ihr denn?", fragte ich, indem ich mich mitten unter die Neuankömmlinge begab.

„Aus der Nähe von Dnjepropetrowsk", erwiderte ein Mädchen und nannte dazu die ebenso langen und fremdartig klingenden Namen zweier Dörfer am Dnjeprfluß in Rußland, in denen sie zu Hause gewesen waren. Der fremde Klang dieser Namen und die harte slawische Sprechweise, in der sie herausgestoßen wurden, riefen bei meinen Kleinen Heiterkeit hervor. Die Großen aber schwiegen ernst und schienen zu ahnen, daß der Weg dieser Flüchtlingskinder weit gewesen sein mußte ...

Mir war beklommen zumute. Ein Erlebnis wurde wach, eines der vielen Tausend während sechs langer Kriegsjahre, die sich in einem der verborgensten Winkel des Gedächtnisses versteckt hatten, um möglichst niemals mehr geweckt zu werden. Aber jetzt, als diese fremden Kinder vor mir standen, war dieses eine Erlebnis wieder da, hell und wach und von schmerzlicher Klarheit.

Ich erinnerte mich, daß wir, ehe der Dnjepr überschritten wurde, durch zwei Dörfer kamen, in denen außer dem russischen Kommissar nur Volksdeutsche lebten. In einem dieser beiden Dörfer, die weit und breit die einzigen Enklaven deutschstämmiger Menschen waren, nahmen wir einige Tage Quartier und wurden auf das freundlichste bewirtet. Ich erinnerte mich deutlich der Abende, da wir Soldaten mit der Bevölkerung auf dem Anger zusammentrafen und deutsche Volkslieder sangen. Kinder waren dabei, große und kleine, und es bestand für mich kein Zweifel, daß ich damals schon einigen dieser Jungen und Mädchen begegnet war, die nun den weiten Weg vom Dnjepr bis in mein Schuldorf gekommen waren.

Mit der Erinnerung wurden Bilder wach. Ich sah die Anordnung der reinlichen Katen vor mir, die gepflegten Blumenbeete vor jedem Haus und den hölzernen Zwiebelturm des von Birken umstandenen Kirchleins. Als ich diese Bilder an die Wandtafel skizzierte, ging ein Leuchten über die Gesichter der Flüchtlinge. Ich war ja die gleichen Straßen gegangen wie Hans und Anna, Peter und Franz und all die anderen aus den verlassenen Dörfern am Dnjepr, und so wurde ich schnell zum Mittler zwischen den Bauern meines Schuldorfes und jenen Vertriebenen aus der unendlichen Weite Rußlands.

Die Väter der Dnjeprkinder waren von den Russen verschleppt worden; die Mütter hatten sich mit ihren Kindern in monatelangen Hungermärschen nach dem Westen durchgeschlagen, bis sie hier ihr erstes Obdach fanden.

Da die Frauen bescheiden, regsam und von großer Reinlichkeit waren, wurden sie auf den Höfen bald heimisch und gern gesehene Arbeitskräfte. In gleicher Weise fügten sich die Kinder in unsere Schulgemeinschaft ein; sie waren bildsam, fleißig und ungewöhnlich artig und verträglich.

In einem nur machten sie eine Ausnahme: Sie nahmen nicht am Religionsunterricht teil, da sie der mennonitischen Sekte angehörten. Sie bekannten sich zwar zum Christentum, waren aber gemäß den Regeln ihrer Religionsgemeinschaft noch nicht getauft.

Zwei, drei Jahre gingen ins Land. Da läutete es eines Abends an meiner Haustür. Die Mütter meiner Mennonitenkinder baten mich um eine Unterredung, in einer besonders wichtigen Angelegenheit, wie sie sich ausdrückten. Ich hieß sie eintreten.

Den leidgeprüften, recht wortkargen Frauen fiel es schwer, mir ihr Anliegen vorzutragen. Und so kam es nur bruchstückweise heraus: Wohlhabende Glaubensbrüder ihrer Sekte, die in Kanada lebten, waren bereit, sie dort aufzunehmen. Man hatte den Rußlandflüchtlingen bereits das Geld für die Überfahrt zugeschickt.

Ich gab den Müttern zu verstehen, daß ich mich mit ihnen freute, da ihr langer Weg durch Entsagung und Leid nun endlich einem glücklicheren Ziel entgegenführe. Gleichwohl zeigte ich mich betroffen, die liebgewonnenen Kinder sobald fortziehen lassen zu müssen.

Ja, das sei indes nicht die ‚wichtige Angelegenheit', die sie zu mir geführt habe, erklärte man mir zögernd. Sie seien Mennoniten, das wisse ich wohl, nicht aber, daß diese Sektierer nur alttestamentarische Vornamen tragen dürften.

„Ja, aber Hans und Anna, Peter und Franz...?", warf ich ein.

„Sehen Sie, Herr Lehrer, das war so", erzählte mir eine der Frauen nun in ihrer breiten Art, „wir erreichten während unserer Flucht eines Tages deutsches Gebiet. Wir hatten natürlich keine Papiere, nichts hatten wir mitnehmen können. Auf dem ersten Meldeamt fragte man unsere Kinder: ‚Wie heißt ihr denn?' ‚Abraham, Isaak, Rebekka, David', sagten sie wahrheitsgemäß. Da fuhr der Beamte, der in einer braunen Uniform steckte, auf und schrie: ‚Was? Abraham? Isaak? Rebekka? David? Mit diesem Gesindel haben wir hier nichts zu tun! Du da (er zeigte auf meinen Abraham) heißt von nun an Hans, du da Anna, du Peter und du Franz, verstanden?' So wurden uns die neuen Pässe ausgestellt, leider mit falschen Namen. Herr Lehrer, nun bitten wir recht schön: Mit diesen Namen können wir nicht nach Kanada fahren, es möchte großen Ärger geben!"

Ich war sprachlos. Der kleine Hans war also in Wahrheit der Abraham, die blondbezopfte, sommersprossige Anna die Rebekka, und Franz, der Junge mit dem kantigen Gesicht und den wasserblauen Augen, der Isaak.

Eines blieb mir dennoch ein Rätsel. „Warum haben Ihre Kinder nach den Kriegswirren nicht gleich wieder ihre alten Namen angenommen?"

Die Sprecherin bat lächelnd um Verständnis: „Wissen Sie, wir wollten alle Schwierigkeiten vermeiden, denn hierzulande sind die Namen der Urväter doch nicht üblich. So haben wir's dabei belassen. Bittschön, haben Sie Verständnis!"

Freilich hatte ich Verständnis. Ich ließ den Amtsschimmel im Stall, weil ich den braven Frauen aufs Wort glaubte, und stellte ganz neue Zeugnisse aus für Abraham Derksen, Rebekka Krahn, Isaak Petersen und so fort. Sie gingen ja einer glücklicheren Zukunft entgegen, und da konnte ein Schulmeister seinen Kindern den Weg dorthin doch nicht verbauen.

St. Nikolaus

Kaum, daß ein über alle Maßen vergoldeter Herbst in der triefenden Novembernässe untergegangen war, legte sich ein leichter Frost über das Land und ließ bald darauf silberne Schneeflocken vom Himmel tanzen. Die Kinder schauten versonnen durch die Fenster hinaus in das Schneien und verloren sich in Träumen. Ich warf ein paar Buchenscheite in den Schulofen und träumte mit.

Auch die Bauern schienen sich des weißen Friedens zu freuen. Die Scheunen waren gefüllt, die Runkelmieten auf den Feldern mit Stroh und Erde frostsicher abgedeckt, und wer nicht gerade auf die Dreschmaschine wartete, streckte seine Füße unter den Tisch und machte es sich gemütlich. Wenn ich in diesen Tagen durchs Dorf ging, wurde ich zu einer kurzen Einkehr in ihre warmen Stuben gebeten. Da plauderte es sich gut in der Dämmerung, die Beine waren behaglich dem Kanonenofen zugekehrt, und die Pfeifenköpfe glimmten bei jedem Zug im Halbdunkel auf wie Leuchtkäfer.

„Herr Lehrer, bald ist Nikolaustag!", sagten sie beiläufig, und in ihrer Stimme schwang ein leiser Unterton gefühlsseliger Erinnerungen mit. „Früher kam der heilige Mann immer in die Schule – ach ja, war das eine schöne Zeit!" Und dann erfuhr ich so nebenbei, daß der Schulmeister die Eltern aller Sorgen enthoben habe, einen hauseigenen Nikolaus aufzutreiben, Jahr für Jahr so.

Ich ließ die Bauern schwatzen und hing meinen eigenen Gedanken nach. Der heilige Mann also kam früher in die Schule, hm. Doch dann nahm er wohl seinen Weg dorthin mit prall gefülltem Sack, in dem sich für jedes Kind ein von Elternhand heimlich zugestecktes Angebinde befand? Ja, so sei das früher gewesen, und der Herr Lehrer habe vom Nikolaus dann auch immer einen Korb mit Winterbirnen erhalten und ein paar Wurstenden obendrein.

Eine Weile war es still in dem dämmrigen Raum, nur das leise Knistern und Fauchen im Ofen war zu vernehmen. So konnte ich ungestört den Faden meiner Gedanken weiterspinnen. Wie würde es heute sein? Da waren die Bauernkinder, die noch eine Tüte mit Backwerk vom heimischen Herd erwarten durften, eine winzige Zahl gegenüber den anderen Kindern, denen aus den zerstörten Städten und den deutschen Ostgebieten, die kaum ihr täglich Brot hatten. Viele von ihnen traten in diesen Frosttagen, völlig unzureichend bekleidet, ihren oft weiten Schulweg an. Sicher, es wurde manchem geholfen von solchen, die den Vergleich mit dem geringsten ihrer Brüder aus der Schrift ernst nahmen, wie er gemeint war. Aber im ersten Nachkriegswinter war das Elend in mancher Kammer doch noch zu groß, vielleicht so groß wie zu jener Zeit im kleinasiatischen Myra, da der gütige Bischof Nikolaus Kornschiffe in seine Gemeinde führte.

„Herr Lehrer, bald ist Nikolaus!" Eine unverblümte Aufforderung an mich, den alten Brauch wieder aufleben zu lassen.

Es lag also in meiner Hand ...

Ich sann einen Augenblick nach. Dann sagte ich mit einer Entschiedenheit, die keinen Zweifel aufkommen ließ: „Wenn es ein rechter Nikolaustag wird, wenn alle, aber auch alle Kinder beschenkt werden, bin ich dabei!"

Verblüffung bei den Bauern, verdutzte Gesichter hinter den glimmenden Pfeifen. Mochten sie mich für radikal halten – ich meinte es ernst. Einen Nikolaus, dachte ich, der nur zu den Wohlhabenden kommt und die Habenichtse übersieht, gibt es nicht.

Im Religionsunterricht ließ ich die historische Gestalt des kleinasiatischen Bischofs lebendig werden. Kinder sind ja begeisterungsfähig. Die Großen begriffen sofort, daß diese große geschichtliche Erscheinung ihr Licht durch eineinhalbtausend Jahre bis in unsere Zeit hinein leuchten läßt, wenn wir seinen Schein nur wahrnehmen wollen. Es liege an jedem von uns, seine Helligkeit zu sehen und seine Wärme zu spüren.

Die Kinder trugen das in der Schule Gehörte nach Hause und verkündeten es dort mit jugendlichem Feuereifer. Und so gingen in den Bauernhäusern die Lichter der Liebe auf, eins nach dem anderen. Bald waren Gruppen unterwegs, die Kleidung und Schuhwerk sammelten. Frauen kamen des Abends in die Schule und nähten und flickten, änderten und verteilten. Der Stapel der Gaben wuchs mit jedem Tag.

In einigen Häusern wurden Mehl, Butter, Zucker, Eier und Milch zu einem Haufen Teig verknetet, aus dem duftende Spekulatius gestochen wurden. Selbst die Männer beteiligten sich am großen Liebeswerk und schoben Platte um Platte in die Backröhre, eine heimliche Emsigkeit überall.

So durfte sich St. Nikolaus, der gütige Heilige, mit gutem Gewissen zur Reise in mein Schuldorf rüsten.

Und als er eines Abends an die Schultüre pochte, sah er das ganze Dorf versammelt. Groß und klein drängte sich in beängstigender Enge, als einige Burschen dem heiligen Mann viele Körbe voll Gaben hinterdrein trugen.

Welch eine Freude herrschte doch damals in den vier Wänden meiner kleinen Landschule! Dort wurden ein paar derbe Schuhe bejubelt, hier magere Fingerchen zur Probe in warme Handschuhe gesteckt. Dort zog sich eine wollige Mütze über einen Wuschelkopf, hier verschwand schon das Bein eines Stutenkerls in einem hungrigen Mäulchen. Eine Seligkeit sondergleichen lag auf allen Gesichtern, auf denen der Beschenkten, mehr aber noch bei denen, die im Sinne des Heiligen Barmherzigkeit geübt hatten. Ja, ich habe an jenem Abend manche Tränen in den Augen der heimlichen Geber gesehen und die alte Weisheit bestätigt gefunden, daß Geben seliger ist denn Nehmen.

Der Christbaum

Nie im Leben, die Kindheit einbegriffen, habe ich mich so sehr auf die Feier der Christgeburt gefreut wie in jenem ersten Nachkriegswinter. Acht Jahre hindurch war ich in der Fremde gewesen, wenn draußen die kalte Dämmerung des Heiligen Abends sich über die weite Welt legte, drinnen aber, wie's im Liede heißt, die Herzen warm wurden. Mit meiner bescheidenen Musik, die ich auf einigen Instrumenten zustande brachte, war ich in jenen Stunden, in denen selbst den härtesten Soldaten die Rührung ankam, bei jeder Kompanie zu einem unentbehrlichen Requisit geworden. Im Lichthof der Kaserne, als das Soldatenspielen noch nicht an das mörderische Nachspiel gemahnte, bearbeitete ich ein wimmerndes Klavier mit der ‚fröhlichen, seligen Weihnachtszeit', die unvermittelt in einen Marschrhythmus verfiel, weil ein paar angetrunkene Unteroffiziere mit ihren nägelbeschlagenen Stiefeln den Takt dazu trampelten. In Frankreich strich ich auf der Geige die ‚stille Nacht' herunter, mit viel Vibrato, versteht sich, daß Deutsche wie Franzosen in lauter Rührung sich brüderlich in die Arme fielen.

In den Weiten Rußlands aber führte ich die Jahre hindurch meinen Trecksack im Gepäck mit und ließ zwischen Dnjepr und Wolga ‚den Schnee leise rieseln'. Die alten, vertrauten Weisen gehörten nun mal zur Weihnacht im Felde, ehe der Rest des Heiligen Abends in lauter Rührseligkeit, Heimweh und Alkohol versank.

Einmal schickte mich – es war in der Gegend von Woronesch am Don – der Kommandeur mit einem Kübelwagen fort, damit ich einen Christbaum auftriebe. Ich fuhr hundert Meilen weit, durch tief verschneite Wälder und über endlose

Steppen, und fand nirgends eine Tanne. Schließlich entdeckte ich an einem Bahndamm eine verkrüppelte Kiefer. Die ließ verschämt ihre langen Nadeln hängen, als die Landser sie in einer warmen Kate mit Kerzenstummeln aus Sturmlaternen und allerlei Silber- und Goldpapier aus Zigarettenschachteln herausputzten und in ihrem Lichterglanz getragene Lieder sangen.

Das war nun alles vergangen und weit weg. Die Heimat hatte mich wieder, und als der erste Schnee gefallen war, ging ich hinaus in den Wald und stapfte durch die schmalen Schneisen der Tannenschonung, um mir in heimlicher Vorfreude einen Weihnachtsbaum auszusuchen. Tatsächlich fand ich denn auch bald eine Tanne von edlem Wuchs, ebenmäßig und mit dichtem Gezweig, so ganz dazu angetan, als Christbaum über der Krippe den lange entbehrten Glanz in die Weihnachtsstube zu bringen. Ich riß einen blauen Wollfaden aus meinem alten Mantel und knüpfte ihn an seine Spitze, um mir den Baum zu merken.

Auf dem Heimweg kamen mir dann aber doch Zweifel, ob es wohl ziemlich sei, wie ein Dieb in fremde Schonungen einzufallen und ausgerechnet zum Fest der Liebe auf eine lieblose Weise einen Baum zu stehlen. Freilich gab in diesen kargen Zeiten keiner der Waldbauern einen Tannenbaum ohne Gegenleistung her, und was konnte ein Schulmeister damals schon an Gütern zum Tausch anbieten?

Mit solcherlei trüben Gedanken ging ich eines Tages zum Förster. Würde er ein Einsehen haben und mein kindliches Verlangen verstehen, nach den langen Jahren in kalter Fremde einmal wieder unterm Lichterbaum daheim sitzen zu dürfen? Als ich bei ihm anklopfte, war er von so viel Einfalt gerührt, daß ein Mensch um einen Baum bettelte, anstatt ihn selbst bei Nacht und Nebel zu schlagen, wie's in jener Zeit üblich war.

„Für unsern Herrn Lehrer nur den besten Baum aus meinem Revier!", versprach er feierlich, und ich sollte mich nur in der Frühe des Heiligen Abends bei ihm einfinden, dann wollte er mit mir hinausgehen.

Mit rechter Freude sah ich diesem Tag entgegen. Ich nutzte die Zeit, mir hier ein paar Kerzen, dort einige Stränge Lametta zu erbetteln. Der Stellmacher im Dorf drechselte mir, für nichts als Gotteslohn, einen Christbaumständer, der gut und gerne eine haushohe Fichte hätte tragen können, so bleischwer und fest war er, wie für die Ewigkeit geschaffen. Und dann rückte ich einer alten Tante in der Stadt auf den Leib; sie besaß die allerschönste Christbaumspitze in der ganzen Verwandtschaft, das wußte ich, mit winzigen Glöckchen, schillernden Kugeln und glitzernden Sternen, und ganz oben war sogar das Christkind aufgespießt, seine Hand zum Segen erhoben. Es bedurfte mehrerer Besuche in der Stadt, und erst, als ich aus meinem Rucksack eine Flasche Milch, ein Beutelchen Mehl und anderes nahrhaftes Zeug gekramt hatte, gab sie auf und holte das Prachtstück von Christbaumspitze aus ihrer Kommode. Mit unendlicher Vorsicht trug ich den kostbaren Schatz heim.

In der Frühe des Heiligen Abends machte ich mich auf den Weg ins Forsthaus, ein kleines Beil und eine Handvoll Pfeifentabak für den freundlichen Förster unterm Mantel. Der zeigte sich aufs tiefste gerührt, wie denn ein Pfennig aus Armenhand den Beschenkten oft mehr anwandelt als ein Taler, der zwischen zwei Fingern lässig aus der Westentasche eines Reichen gezogen wird. Überhaupt war der Grünrock schon in guter Festtagsstimmung, die Branntweinflasche auf dem Tisch war halb leer, er selber folgerichtig halb voll, und da müsse sich der Herr Lehrer doch auch erst einmal stärken. Bei jedem Glas klopfte er mir gönnerhaft auf die Schulter und wiederholte sein Gelübde: „Für unsern Herrn Lehrer nur den schönsten Baum aus dem Revier!"

Schließlich stapften wir, reichlicher als unbedingt notwendig gestärkt, hinaus. Es schneite heftig, und die Wege waren grundlos. Mal ging es bergauf, mal bergab, ein Gestolper über Äste und Baumstümpfe. Mein durchnäßtes Schuhwerk drohte jeden Augenblick auseinanderzufallen. Wir kamen an einer Schonung vorbei, mit wunderschönen Tännchen, ein jedes aufs beste gewachsen und geeignet für die Weihnachtsstube. Nein, der Forstmann drängte weiter: „Diese hier nicht. Für den Herrn Lehrer nur den schönsten aus meinem Revier!"

Zuletzt zwängten wir uns durch dichten Fichtenbestand, der pulverige Schnee drang durch alle Nähte und Löcher meines dürftigen Mantels, und die Zweige strichen mir durchs Gesicht, als wollten sie mir mit derlei Zärtlichkeiten ihre Eignung zum Lichteraufsetzen anpreisen.

Der Förster indes befand sie alle nicht für würdig. Er hatte wohl etwas Besonderes, Einmaliges im Sinn, und dann, als wir noch einen Graben durchwatet hatten, stand der für den Herrn Lehrer auserkorene Tannenbaum vor uns, einmalig in seinem Wuchs, das muß ich zugeben. Möge mir der edle Grünrock verzeihen: Es war ein Scheusal, eine Mißgestalt, ein Unikum! Denn das besondere, das mir der Kerl in seiner guten Einfalt zugedacht hatte, bestand darin, daß der Baum zwei Spitzen hatte. Die waren nicht etwa ebenmäßig gewachsen, was zur Not noch in der Weihnachtsstube hätte geduldet werden können. Diesem Monstrum war etwa in der Mitte des Stammes aus dem schönen Strahlenkranz des Gezweigs ein renitenter Sproß ausgebrochen und hatte sich in seinem Übermut zu einem eigenen Bäumchen entwickelt. Nun hing es der Tannenmutter an wie ein Kind auf ihrem Rücken. „Na, was sagen Sie nun, Herr Lehrer?"

Ich habe zeitlebens Menschen, die mir etwas Gutes zugedacht hatten, neben ihrer naiven Großmütigkeit aber weniger guten Geschmack besaßen, nie vor den Kopf stoßen können und statt dessen lieber Freude und Dankbarkeit geheuchelt. Ich betrachtete verlegen das Monstrum von Tannenbaum von allen Seiten, sein Anblick schnürte mir fast die Kehle zu, und so preßte ich schließlich heraus: „Donnerwetter, solch einen Baum habe ich noch nie gesehen!" Mein Ehrenwort: es war auch nicht gelogen! Der Forstmann hielt meine Antwort wohl für einen Ausdruck erschütterter Bewunderung angesichts dieser botanischen Rarität; denn augenblicklich krachte die Axt in den Baumschaft, ein zweiter Schlag sauste hinterdrein, und die Tannenmutter mit ihrem Rückenkind sank lautlos in den Schnee. „Ich hab's ja gesagt", rief mir der Heger zu, „den schönsten Baum für den Herrn Lehrer!" Damit schüttelte er den Schnee von dem seltsamen Gewächs, lud es mir auf die Schulter und stapfte voran dem Forsthaus zu.

Unterwegs überlegte ich, was zu tun sei. Meine ganze Vorfreude auf das Fest war dahin. Durchnäßt und frierend, kraftlos und enttäuscht stolperte ich mit meiner schauderhaften Last dahin. Dieser Kerl da vorn hatte mir in seiner Einfalt eine besondere Freude zugedacht, indem er mir einen Baum aufhalste, mit dem die Natur einen Schabernack getrieben hatte, in seinen Augen freilich ein Wunderding. Wenn ich es daheim in der guten Stube aufstellen würde, müßten mich meine Besucher samt und sonders für einen rechten Narren halten. Sollte ich dem Baum die Kapriolen austreiben und seinen eigenwilligen Sproß kurzerhand heraussägen? Ich verschnaufte einen Augenblick, ließ die nadelige Mißgestalt von meiner Schulter gleiten und versuchte mir vorzustellen, wie die Tanne wohl ohne ihr Rückenkind aussehen würde. Sofort mußte ich mir eingestehen, daß dann wohl die Schande noch größer sei, denn die übrigen Zweige hatten sich, als der wilde Sproß selbstherrlich herausschoß, angewidert zur Seite gewandt. Ein Scheusal blieb der Baum, so oder so.

Am Forsthaus plapperten meine Lippen ein Dankeschön; ein Glück, daß der Förster nach dem reichlichen Branntweingenuß nicht ganz bei Troste war, er hätte sonst leicht merken müssen, daß der Dank nicht aus dem Herzen kam.

Bedrückt machte ich mich auf den Weg zum Schulhaus. Da hatte ich mir nun von der Tante mit viel List und Eßbarem das Prachtstück von Christbaumspitze erbettelt, zu dem Generationen bewundernd aufgeschaut hatten, und nun stritten sich an meinem Baum gleich zwei Tannenspitzen um das Vorrecht, den krönenden Schmuck tragen zu dürfen.

Mit derlei trüben Gedanken gelangte ich in die Schonung, in der ich mir vor Tagen schon einen Weihnachtsbaum auserkoren hatte, und da wehte auch drüben der blaue Wollfaden im Winde, umsonst, denn mein Gewissen hatte mich ja von der Auserwählten fort und geradewegs in die wohlgemeinte Geschmacklosigkeit des Försters getrieben.

Umsonst?

Ich nahm die aufgezwungene Last von meiner Schulter, überzeugte mich, daß niemand in der Nähe sei, und zog die kleine Axt aus der Manteltasche. Es dauerte nur wenige Augenblicke, bis das Scheusal in lauter Stücke geschlagen war. Die Äste warf ich, soweit ich konnte, in die Schonung hinein, und dann biß sich die scharfe Schneide in den Schaft der auserwählten Tanne. Sie fiel mir wie eine willige Braut geradewegs in die Arme, nicht ahnend, daß sie von einem gewissenlosen Dieb heimgeführt wurde.

Denn der ließ sie noch am gleichen Abend, als sie schon im lieblichen Gewande ihrer seligsten Stunde entgegenfieberte, schnöde im Stich und legte sich ins Bett. Ihn schüttelte ein anderes Fieber, das ihm der Marsch durch die nasse Kälte in der Frühe des Heiligen Abends ins Blut gejagt hatte. Vielleicht trug auch das schlechte Gewissen dazu bei, daß ihm zu der Stunde, da alle Welt den Frieden auf Erden besang, der kalte Schweiß in Strömen von der Stirn rann und in Angstträumen ganze Wälder unter seinen eigenen Axthieben über ihn zusammenbrachen.

Ja, das Schreiben und das Lesen ...

Der reiche Schweinezüchter Zsupán hat gut singen! Für diesen Dickwanst sind Borstenvieh und Schweinespeck wichtiger als Schreiben und Lesen, das nie sein Fall gewesen, wie's sich so hübsch reimt.

Die Bauern meines Schuldorfes denken darüber schon anders. Sie lesen tagtäglich die Zeitung und studieren die Fleischpreise, damit sie zur rechten Zeit ihr Borstenvieh an den Mann bringen. Und schließlich sind da noch die langen Winterabende, wenn die Banse leer ist und die Tenne reingefegt nach dem letzten Dreschen. Da holt man sich gerne ein Buch vom Bord, die Hauspostille oder auch, wenn's einen fromm anwandelt, die Bibel und liest darin, bis die Augen nur noch mechanisch die schwarzen Zeilen entlanglaufen, wenn die Gedanken schon schlafengegangen sind.

Aber auch das Schreiben muß gelernt sein. Nicht gehauen und gestochen, das lassen die schwieligen Hände sowieso nicht zu. Aber ein paar Eintragungen in das dicke, abgegriffene Feldbuch können nicht schaden, damit man im Frühjahr weiß, wo gesät und gepflanzt werden muß, wie richtige Fruchtfolge gewahrt bleibt und wieviel an Dünger noch zu beschaffen wäre.

So ist das Lesen und Schreiben für die Dörfler schon von Nutzen, und darum schicken sie ihre Kinder zu mir in die Schule, damit ich ihnen das Nötigste beibringe.

Da sitzen nun die ganz Kleinen vor mir mit ihren großen, blanken Augen und können es kaum abwarten, daß sie ihre schwarzen Tafeln und bunten Fibeln aus dem Tornister kramen und endlich anfangen dürfen. Noch ahnen sie ja nicht, wie schwer aller Anfang ist und daß das Lesen der schwerste aller Anfänge im Leben sein wird. Aber sie sind guten Mutes, warum auch nicht? Der Lehrer ist ihr Freund, zu dem man ‚du' und ‚Onkel' sagt, und der gute Onkel will ihnen den Anfang ja leicht machen. Eine kleine Geschichte hat er für jeden Laut bereit, zugegeben, manchmal weit hergeholt, doch was tut's? Für jeden Laut malt er ein Zeichen an die Tafel, ein seltsames Gebilde aus Haken und Strichen; doch weil alles, was der Onkel da vorne sagt, für sie so gültig ist wie das Amen in der Kirche, wird das Zeichen akzeptiert, und damit basta.

So geht das Laut um Laut, Zeichen um Zeichen, Buchstabe um Buchstabe. Kinderleicht, sagen die Kleinen und freuen sich ihres Könnens. „Pah, wenn's mehr nicht ist ...!", kräht ein kleiner Protz in die Klasse. Wenn's mehr nicht ist ...

Aber es wird just in dem Augenblick mehr, da es plötzlich zwei Zeichen einfällt, sich aneinanderzuschmiegen und nun wie Hand in Hand an der schwarzen Tafel zu stehen. Das dauert wieder eine Weile, bis das fremde Bild da vorne bei ihnen eingegangen ist, daß es ja zwei liebe Bekannte sind, die sich nur verbunden haben, dummerweise. Und da der Lehrer ihnen nun behilflich ist und vormacht, wie die beiden auch in ihrem Munde zusammenrücken können, versuchen sie's selbst einmal. Versteht sich für uns Weise der älteren Generation, die wir das alles gottlob hinter uns haben, wie schwer solches Zusammenklauben ist, sofern wir uns nur ein bißchen des eigenen Abmühens in frühesten Jahren erinnern. Die Lippen, die Zunge, die Zähne, sonst von einer flinken Beweglichkeit beim kindlichen Gepappel, tun sich schwer, und es brummt und summt und lallt eine Weile, ehe der eine Laut mit dem anderen Hand in Hand geht; es sind ja keine Liebenden, diese beiden, sonst ginge es bekanntlich schneller vonstatten. Aber schließlich ist es geschafft, gottseidank, und ein Seufzer der Erleichterung pustet hinterdrein.

„Ist das aber schwer!", kommt nun der kleine Protz von eben ganz kleinlaut heraus; er hat einen hochroten Kopf, denn die zusammengepreßten Lippen wollen partout die Luft nicht hinauslassen, weil der folgende selbstherrliche Selbstlaut mitnichten mit dem sich anbiedernden Mitlaut zu tun haben will.

Heutzutage quält man die Kinder ja nicht mehr mit derlei Akribie. Man verachtet die Kunst der kleinen Schritte und schreibt gleich ganze Gedanken an die Tafel, und dem Unverstand wird aufgegeben, mit der Zeit daraus die Wörter, die Silben und schließlich und endlich die Buchstaben zu unterscheiden. Sage mir keiner, das sei barer Unsinn; denn es gibt in jeder Klasse ein paar Schlaue, die leichthin das Geschreibsel aus weißer Kreide wie Bilder in sich aufnehmen und alsbald hier und da alte Bekannte unter den Buchstaben wiedererkennen. Indes sind da aber auch weniger Gescheite oder auch ganz Normale, die sich in dem weißen Gekrause da vorn an der Tafel nur schwer zurechtfinden. Langsam kommen ihnen Zweifel, ob ihre frohgemute Zuversicht der ersten Tage wohl am Platze gewesen ist. Eine Weile versuchen sie, mit den wenigen Schlaumeiern mitzuhalten, zum Schein wenigstens, indem sie munter drauflos raten, lauter wirres Zeug. Und dann ist plötzlich der dünne Faden kindlicher Geduld zerrissen, der überschäumende Mut der ersten Tage zerronnen und das Vertrauen zu sich selbst und zum lieben Onkel dahin.

„Ein leseschwaches Kind", sagt der Lehrer zu den Eltern.

„Wieder ein Legastheniker", erzählt er seinen Kollegen.

Damals, als die neue Mode aufkam, dachte man in den kleinen Landschulen weniger fortschrittlich, dafür schritt man um so sicherer fort, behutsam, immer besorgt, keinen Fehltritt zu tun. Es war schon eine rechte Plage für Schüler und Lehrer, das Verbinden der Zeichen und Laute, aber schließlich ging's von Tag zu Tag besser, und mit jedem selbständig gelesenen

Wort wuchs der Mut, wuchs sich aus bis hin zum guten Selbstvertrauen.

Freilich gab es in meiner Landschule Kinder, denen die Schärfe der Augen und die Empfindsamkeit der Ohren fehlte. Durch Schauen und Hören aber geht bei vielen eben das Lesen und schließlich auch das Schreiben ein. Ich war recht unglücklich darüber, daß einigen der Klang der Laute oder das Bild der Zeichen auf eine rätselhafte Weise verborgen blieben. Rätselhaft blieb mir vorerst auch, wie diese visuell und akustisch Unbegabten gewöhnlich den anderen mit der Geschicklichkeit ihrer Hände ein gutes Stück überlegen waren.

Wie durch ein Wunder fiel mir in jener Zeit, da ich mir schier den Kopf über dieses Phänomen zerbrach, ein verstaubtes Buch zu, als ich die winzige Schulbücherei nach Brauchbarem durchstöberte. Es war von einem alten, längst vergessenen Schulmann geschrieben, einem genialen, wie ich mir später eingestehen mußte. Diesem Manne, der einst in einer Landschule tief in den Bergen wirkte, war wohl das gleiche Phänomen begegnet. Und weil jener Pädagoge, wie so viele Schulmeister seiner Zeit, dem alten Spruch der Handwerkergilde nacheiferte: ‚Wer ist Lehrling? Jedermann! Wer ist Geselle? Der was kann! Wer ist Meister? Der was ersann!' – weil also dieser ein wahrer Schul-Meister sein wollte und sich aufs Ersinnen verlegte, fiel ihm auch tatsächlich etwas Vernünftiges ein. Er erfand Zeichen, Handzeichen sozusagen, für jeden Buchstaben im Alphabet ein besonderes. Das ‚o' zum Beispiel, das durch den rundlich geformten Mund tönt, wurde durch Daumen und Zeigefinger dargestellt, die sich gleichfalls zu einer Rundung formten, indem sie ihre Spitzen aufeinanderlegten. Und wenn beide Zeigefinger geschwind umeinanderkreisten, rollte wie von selbst das ‚r' von der Zunge. Wie hatten die Kleinen, die mit ihren Augen und Ohren nie so ganz bei der Sache waren, dafür aber von einer ungeahnten Fingerfertigkeit – wie hatten sie ihre helle Freude, wie sie eben nur einer haben kann, der an sich selbst eine ganz neue und brauchbare Seite entdeckt! Mit einem Mal waren ihnen die Zeichen, diese seltsamen weißen Gebilde dort an der Tafel, handgreiflich geworden, und was sie greifen konnten mit ihren behenden Fingern, begriffen sie auch schneller, wen wundert das? Vielleicht nur die, welche in ihrer bedauernswerten Gelehrtheit von den Kathedern der Hörsäle mit so viel papierner Weisheit um sich werfen, daß es nun unsereins wieder wundert, wenn hier und da noch brauchbare Leser aus den Schulen entlassen werden.

Ich habe mir damals die praktische Vernunft des einfallsreichen Schulmeisters zu eigen gemacht und die Klippen des ersten Leseunterrichts leichter übersprungen. Und die Kleinen hüpften vergnüglich hinterdrein, denn sie spürten mit dem sicheren Instinkt der Sechsjährigen, daß sie das Allerschwerste ihres Lebens sicher in den Griff bekamen. Anfangs natürlich ein überlegenes Lächeln bei denen, die der Motorik nicht bedurften. Aber dann machten sie mit, erst nur zum Spaß, schließlich mit immer größerem Vergnügen. „Wenn's mehr nicht ist . . .". Die Optimisten waren wieder obenauf.

Im Nachhinein betrachtet: Es war die Klarheit der Methode, die damals das Unterrichten so erfolgreich machte. Es war die Einfachheit der kleinen Schritte – eine ruhig fließende Suite ohne kapriziöse Intervalle und Dissonanzen. Das einzelne Zeichen an der Tafel ließ sich ja sozusagen im Handumdrehen zum Klingen bringen, das ganze weiße Gewürm auch für den Schwerfälligsten durch Fingergeschick in Sprache umsetzen.

Später gefiel man sich darin, das Einfache gering zu erachten und an seine Stelle das Komplizierte zu setzen, dem man überdies noch den schillernden Mantel der Wissenschaftlichkeit umhing. Das Meisterstück des Genies aus der Bergschule wurde belächelt und mit hochtrabenden Argumenten abgetan, wie immer, wenn man sich des Einfachen schämt. Man schob es ab in einen dunklen Winkel der Methodengeschichte als ein kurioses, wertloses Museumsstück, und rückte die eigene Mache in den grellen Schein des Augenblicks.

Seltsam: Ich beobachte in letzter Zeit manche jener Neutöner, wie sie in beginnender Ratlosigkeit heimlich, ein verschämtes Licht hinter der hohlen Hand, in diesen dunklen Winkel hineinleuchten und vom stillen Glanz des verschmähten Meisterstücks überrascht sind.

Redlichkeit

Ein Schulmeister muß im Rufe der Redlichkeit stehen. Keine Maxime, dieses Untadeligsein, sondern ein kategorischer Imperativ, gesetzt und überwacht von der jungen Schar zu seinen Füßen. Dabei ist der Lehrer doch auch ein zum Straucheln geschaffener Mensch wie jeder andere, die Räuber und Totschläger vielleicht ausgenommen. Ein anstrengendes Dasein, dieses ständige, ängstliche Abmühen, wenigstens den Schein der Redlichkeit zu wahren!

Da hält man zum Beispiel, auf das allergewissenhafteste präpariert, eine Lektion über die Zehn Gebote. Kinderleicht, sollte man meinen, jenes zwanzigste Kapitel aus dem Exodus. Du sollst nicht ... du sollst nicht ... du sollst nicht – nichts als ein Katalog von Verboten. Wieviel einfacher ist ja das Verbieten schlimmer Dinge als etwa das Gebieten guter Taten, und der liebe Gott muß auf dem Berge Sinai schon in heiligem, wenn auch blindem Zorn an den Gesetzestafeln gekritzelt haben, daß er die einfachsten pädagogischen Grundsätze in seinem Eifer übersah. Blinder Eifer schadet nur, der Herr wird das im Laufe der Zeit an der geringen Beachtung seiner Verbote schon gemerkt haben.

Der göttliche Irrtum vom Berge Sinai kommt dem Schulmeister von heute zugute. Er braucht ja nur einfach vorzulesen, was im heiligen Buche geschrieben steht, es gibt da nicht viel zu deuten und zu deuteln. Du sollst nicht ... du sollst nicht ... Wie zum Beispiel: Du sollst den Namen des Herrn nicht unnütz aussprechen! Gleich fliegen die Finger hoch, kindlicher Eifer ist ja schnell bei der Hand mit hundert Beispielen, und das ganze Dorf scheint ein einziger Pfuhl zu sein, aus dem sich die Sünden in jeder Spielart nur so herausfischen lassen. Da werden Flüche genannt, die so unliterarisch sind, daß sich die Feder sträubt, sie wiederzugeben. Vom Knecht Johann zum Beispiel, der so lauthals und tiefempfunden und gotteslästerlich fluchen kann, daß das ganze Dorf erschrocken zusammenfährt. Oder vom ‚Kreuz Gewitter' und ‚Teufel auch' des Vaters am Sonntagmorgen vor dem Kirchgang, nur weil er seinen Kragenknopf selber verlegt hat. „Oder wie Sie, Herr Lehrer, gestern dem Franz zugerufen haben: Himmel, Herrgott, Donnerwetter noch einmal! Paß doch besser auf!"

Nicht nach meinen Worten, sondern nach meinen Taten..., aber selbst das paßte jetzt nicht zu meiner überführten Unredlichkeit, weil ich doch gerade mit Worten die eigene Redlichkeit ins Zwielicht gerückt hatte.

Ähnlich verfuhr es mir mit dem Ruhetag des Herrn. Du sollst an ihm keinerlei Arbeit tun...! Aber da hatten ein paar Jungen, die am Sonntag in der Nähe des Schulhauses auf Karnickeljagd waren, mich beim Zimmern eines Hühnerstalls beobachtet. Wie konnten die schon wissen, daß man mir am Abend zuvor zwei Hennen, schöne, braune Leghörner, heimlich in einem Sack vor die Tür gelegt hatte! Durfte ich das Federvieh einfach in seinem dunklen Gefängnis lassen? Hatte es nicht ein gleiches Anrecht auf humane Behandlung wie jenes Lamm, das sabbats in eine Grube gefallen war, wie es geschrieben steht? Lies doch in der Schrift nach, wie der Meister es selber gehalten hat!, kam es laut gackernd aus dem zugebundenen Sack. Also schnell ein paar Latten und einiges Drahtgeflecht her und einen Stall gezimmert!

Als das dritte Gebot an die Reihe kam, wurde ich wieder einmal gnadenlos überführt. Ein unterdrücktes Kichern in den Bankreihen, ein zaghafter Finger und eine herausfordernde Frage: „Herr Lehrer, darf man wohl des Sonntags einen Hühnerstall bauen?"

Wie ich mich auch abmühte, wenigstens zum Schein redlich zu sein – ich stolperte hin und wieder über die Fallstricke, die mir meine Rangen heimlich über den schmalen Weg der Tugend spannten. Keine Bosheit von ihnen, bewahre, sondern nur eine unbändige Freude, daß auch ihr Lehrer stolpern kann. Und das Schlimmste: Gerade weil er selber zum Sündenfall fähig schien, rückte er seinen Lausbuben ein gutes Stück näher! Der Wurm, dem, wie Biologen und Dichter allen Ernstes behaupten, Wollust gegeben ward, kann nicht fallen, denn er kriecht ja schon im Staube dieser Erde umher. Aber unsereiner, der da aufrecht einherstolziert, übersieht leicht den Stolperstein vor seinen Füßen, über den er fällt, weil er als vermeintlicher Tugendbold seine Nase allzu hoch trägt.

Gottlob sind es meist nur die kleinen Teufelchen, keine von den ganz großen mit Pferdefuß und Gehörn, die den Schulmeister heimsuchen. Durchaus umgängliche Kobolde, die einem listig ein Füßchen stellen und dann wie kleine Kinder in ein unbändiges Gelächter ausbrechen, wenn man als erwachsener Mensch strauchelt. Die großen, die Höllenfürsten, gehen den Schulmeister nicht an; sie fürchten seine standesgemäße Redlichkeit, an der sie sich die Hörner abstoßen könnten, unzumutbar für ihr Genre.

Und was ein rechtschaffener Schulmann ist, der läßt seinerseits den Mächtigen der Finsternis, jenen von der ausgewachsenen Art, gar nicht erst durch seine Haustüre herein, wenn die Dunkelheit vor die Fenster kriecht.

Als dennoch eines finsteren Abends jemand anklopfte, war es gottlob nur ein Mann aus dem Dorf, ein angesehener Bauer. Er trug einen Sack mit sich, und freudebang vermutete ich in meiner Einfalt, er würde mir ein paar Kartoffeln für den Keller bringen.

Indes, was er aus dem Sack kramte, war nur ein seltsames, geheimnisvolles Ding, das ich noch nie in meinem Leben gesehen hatte. Ein Bottich aus Zinkblech, in dessen Innerem ein dünnes Rohr spiralförmig angebracht war. Das sei eine ‚Schlange', belehrte mich der späte Besucher, ein unentbehrliches Requisit zum Schnapsbrennen.

Ich sah mir die Schlange genau an, und dabei geschah es, daß der Arge, der dem Vernehmen nach sich ja mit Vorliebe in Schlangengestalt an Menschen mit guten Vorsätzen heranmacht, mir das Wasser im Munde zusammenlaufen ließ. Ich bin, weiß Gott, kein Trinker; doch wenn man mal durchnäßt und durchfroren heimkommt und sich einen Klaren langsam durch die Kehle rinnen läßt, schützt das todsicher vor allerlei Unbilden. Aber wie lange war es her, daß ich ein solches Schutzmittel im Hause hatte! Arglos, wie ich zeitlebens gewesen bin, teilte ich dieses Dilemma dem Bauern mit, was er mit einem zufriedenen Grinsen quittierte. Das sei es ja eben, sagte er, Schnaps gehöre nun mal ins Haus wie Essigsaure Tonerde oder Kamille oder Salbei. Er wolle mir gerne dazu verhelfen, wenn ich nur bereit sei, daß der Schnaps auf meinem Dachboden gebrannt würde. Im ganzen Dorfe sei das zu gefährlich, denn alle Tage kreuze eine Kommission auf, die ihre geübten Nasen in Keller und Küchen, ja sogar bis unter die Dachbalken stecke. Aus sei es seither mit dem ‚Balkenbrannt' – eine schlimme Zeit für den geplagten Bauernstand!

Ich bedeutete dem späten Gast, der mir die Schlange ins Haus gebracht hatte, daß mir die Trockenheit in seiner Kehle zwar tiefstes Mitleid abnötige, die Gefahr aber, bei der Mißachtung des Verbotes ertappt zu werden, denn doch zu groß sei. „Eben nicht, Herr Lehrer!", sagte der Bauer mit gedämpfter Stimme, und sein Flüstern hätte mich gleich an die Schlange im Paradies gemahnen müssen, die ja schon bei unseren

Stammeltern argen Schaden anrichtete, an dem wir Nachgeborenen heute noch zu tragen haben. „Sehen Sie, Herr Lehrer, überall im Dorfe spioniert man herum, nur im Schulhaus nicht. Wer sollte auch einem rechtschaffenen Schulmeister wie Ihnen das Schnapsbrennen zutrauen?"

Ich weiß mich heute nicht mehr so genau zu erinnern, wie es geschah, daß eine Stunde später auf meinem Dachboden eine geheimnisvolle Flamme züngelte und die Schlange den ersten Tropfen Branntwein ausspie. Der Teufel selber wird am Jüngsten Tage meiner Vergeßlichkeit nachhelfen und Gottvater, wenn ich an der Reihe bin, über die Schulter zuflüstern, ob es die Lust an Geheimniskrämerei war oder das ungute Verlangen, einen guten Tropfen im Hause zu haben. Vielleicht wird mir dann doch verziehen, wenn ich schüchtern einwende, daß schon beim zweiten Tropfen das ganze Ding mit einem ohrenbetäubenden Knall unter die Dachpfannen flog und mir die Nase, die ich allzu nahe an die teuflische Flüssigkeit gehalten hatte, versengte. Weniger nachsichtig wird man allerdings wegen meiner Ausrede verfahren, als ich am anderen Morgen den Kindern vorlog, die Schuld an meinem kreuz und quer bepflasterten Gesichtsteil trüge ein Fidibus, der mir beim Anzünden der Tabakspfeife zu nahe gekommen sei.

Und wie's so geht – die Nase wurde wieder heil, die Dachpfannen flickte ich selber, so gut es ging, und zurück blieb eigentlich nur die Sehnsucht nach einem guten Tropfen für schlimme Tage.

Aber wo der Teufel einmal erfolgreich seine Fallstricke ausgelegt hat, räumt er in seiner Schläue nicht so schnell das Feld. Diesmal kam er nicht bei Nacht und Nebel, sondern bediente sich eines modernen Mediums: Er hing sich ans Telefon. Natürlich meldete er sich unter falschem Namen, er sei der Bauer Sowieso aus einem Dorf etliche Kilometer jenseits des Berges, bei dem ich in den ersten Nachkriegsmonaten in der Ernte ausgeholfen hatte. Er habe mir, so tönte es aus der Muschel, meine Arbeit vom Sommer noch nicht vergolten, und da er einige Flaschen Branntwein im Hause habe, könne ich mir wohl einen Ranzen voll abholen, vorausgesetzt, daß ich ‚dicht halte' und zur Nachtzeit herüberkomme.

Ich holte meinen alten Militärrucksack von der Wand, setzte mich auf mein Stahlroß und fuhr in einer Sturmnacht, in der man keinen Hund vor die Tür gejagt hätte, hinüber.

Bleischwer hing die Last der Flaschen auf meinem Kreuz, als ich nach Mitternacht auf dem Heimweg war. Und da geschah das Entsetzliche! Ich hatte schon den Bergrücken hinter mir und ließ das Rad gemächlich talwärts rollen – zufrieden mit mir selbst und meinem ruchlosen Vergehen gegen die Gesetze der Obrigkeit. Da blitzten unmittelbar vor mir zwei Lampen auf, grell und blendend, und hinter den Lichtern brüllte eine Stimme: „Halt! Wer da?"

Erschrocken sprang ich vom Rad, aber so vorsichtig, daß hinter mir im Rucksack nicht gleich meine Sünden zu klirren anfingen. Du sitzt in der Falle, sagte ich mir, so oder so, doch bevor du dich nicht überzeugt hast, ob diese Falle vielleicht ein Loch hat, aus dem du noch entschlüpfen kannst, solange gib nicht auf!

Die beiden Lichtkegel kamen langsam auf mich zu, geisterten das Stahlroß entlang, ob es nicht eins von den als gestohlen gemeldeten sei, und kreisten dann eine Weile um die verdächtige Last auf meinem Rücken. Schließlich krochen sie unter meinen Schlapphut und weideten sich einen Augenblick an dem verdutzten Gesicht darunter. „Ah, der Herr Lehrer!" hörte ich eine Stimme aus der Finsternis, „so spät noch unterwegs?" Es war der Gendarm aus dem Nachbardorf. Ich erinnerte mich gleich, denn er war erst neulich bei mir gewesen, als gedankenlose Diebe ins Schulhaus eingestiegen waren – ausgerechnet bei einem Habenichts!

Als ich die Stimme vernahm, keine martialisch klirrende, sondern eine gänzlich unpolizeilich friedfertige, schöpfte ich Hoffnung. „Guten Abend, meine Herren!", sagte ich, so unbefangen wie ich nur konnte.

Augenblicklich fielen die Lichtkegel in sich zusammen, und der Gendarm trat mit seinem Kollegen auf mich zu und schüttelte mir die Hand – etwas zu heftig, muß ich sagen, denn ich hatte alle Mühe, meinen Buckel mit der verräterischen Flaschenlast dabei ruhig zu halten. „Ein bißchen gehamstert, Herr Lehrer?", fragte der friedfertige Gendarm, indem er auf meinen Rucksack schielte, und fügte, ohne erst eine Antwort abzuwarten, gönnerhaft hinzu: „Muß ja auch mal sein! Was hat so ein Schulmeister denn heutzutage schon zu beißen!"

Natürlich war ich ihnen jetzt eine Erklärung wegen meines späten Heimweges schuldig, und also fing ich an, wacker drauflos zu flunkern. Ich gebe mir ja sonst die größte Mühe, niemals zu lügen, weil ich jedesmal rot anlaufe, und tatsächlich gelingt es mir auch hin und wieder, etwas Wahres über meine Lippen zu bringen. Indes verbarg die stockfinstere Nacht die schämige Röte in meinem Gesicht, und außerdem glaubte ich, das rettende Loch in der Falle entdeckt zu haben. Ich sei drüben im Dorf gewesen, log ich dreist drauf los, hätte ein paar Stunden Skat gespielt (was ich heute noch nicht kann) und mir zum Abschied meinen Rucksack voll Saubohnen stopfen lassen. Keine schmackhafte Kost, eher Viehfutter, aber muß unsereins in dieser schlimmen Zeit der leeren Gedärme nicht mit dem zufrieden sein, was man sonst nur in den Trog schüttet?

Die beiden uniformierten Männer rührte das auf das tiefste. Sie nahmen mich in ihre Mitte, damit mir samt meinen Saubohnen in dieser fürchterlichen Nacht kein Leid zustoße, und geleiteten mich bis vors Schulhaus. Konnten sie denn ahnen, daß es meine lichtscheue Unredlichkeit war, der sie freundlichst Polizeischutz bis vor die Haustür gewährten?

Ein hartes Geschlecht

Es schneit und schneit. Eben habe ich die Kinder nach Hause geschickt. Sie stapfen, wie sie aus dem Windschatten des Schulhauses heraustreten, durch einen wilden Flockenwirbel heimwärts und gleichen bald weißen Wollknäueln, die in alle Richtungen davonrollen.

In der Frühe hat ihnen der Schneepflug noch eine halbwegs gangbare Gasse durch den knietiefen Schnee gezogen. Aber dann hat man's aufgeben müssen; die Pferde, erst zwei, dann vier, zur Winterszeit ohnehin nicht mit den schärfsten Eisen beschlagen, sind in den Wächten der Hohlwege stecken geblieben, und die Knechte haben sich vorsichtshalber ins Wirtshaus verzogen, um Erkältung und Gicht vorzubeugen.

Eine Weile noch schaue ich den weißen Wollknäueln nach, bis das dichte Gestöber sie verschlungen hat. Manche von ihnen werden eine gute Stunde unterwegs sein, so mühsam ist das Vorwärtskommen im tiefen Schnee. Sie müssen ihre Knie schier bis zum Kinn hochziehen, um beim nächsten Schritt schon wieder im pulvrigen Neuschnee zu versinken. Und dann dieser eisige Wind, der über die Felder und Hohlwege braust und ihnen die Luft zum Atmen vor Mund und Nase fortreißt. Kommt nur gut heim!, denke ich und wende mich wieder dem Hause zu.

Ich bin bis ins Innerste durchgefroren, aber es ist gottlob ein Freund da zu Besuch, der klugerweise einen dampfenden Glühwein bereitet hat, und der treibt denn auch gleich die Starre aus dem Körper. Der Freund, ein Studiengenosse und späterer Offizier, hat nach dem Kriege noch nicht wieder so recht Fuß fassen können. Er lebt eigentlich nur von Besuchen bei alten Kommilitonen und Kampfgefährten, bei denen er sich ein paar Tage einnistet und dann weiterzieht, hoffend, daß irgendwo am Wegrand ein Goldklumpen liegt, vom nachsichtigen Schicksal eigens für ihn dort hingelegt.

Der Freund ist kein lästiger Gast, bewahre, er macht sich im Hause nützlich, ist ein liebenswerter und charmanter Plauderer und trinkt über alles gerne Glühwein. Darum habe ich, als er mir seine Ankunft vermeldete, gleich feines Mehl gegen ein paar Flaschen Rotwein und Zucker eingetauscht, eigentlich ein sündhafter Handel in dieser Zeit, aber der Besuch des alten Gefährten ist mir diesen Fehltritt wert gewesen.

Am Nachmittag versuchen wir, ein bißchen spazieren zu gehen. Indes, wir kommen nicht weit, der Sturm faucht mit unverminderter Heftigkeit von der Anhöhe herab, jeder Eiskristall brennt im Gesicht, und die meterhohen Grate der Schneewächten haben sich quer über den Weg geschoben und verhindern jedes Weiterkommen. Wir könnten sie ja wohl mit einiger Mühe überwinden, aber der Glühwein ist uns schon ein wenig in die Glieder gefahren – keine gute Sache für halsbrecherische Kletterpartien.

Also kehren wir um und machen es uns neben dem warmen Ofen gemütlich. Die Dämmerung bricht heute schnell herein, der Himmel hüllt sich in ein tiefes Schwarz, aus dem sich unaufhörlich – ein gespenstisches Spiel – das Weiß der Flocken löst, die lautlos niedergleiten. Nur der Sturm spielt ihnen zum Tanze auf und singt sein eintöniges Lied zu dem endlosen Geriesel aus der Schwärze der Nacht.

Manchmal treten wir aus der Ofenecke ans Fenster. Die Zimmerlampe wirft einen gelblichen Fleck auf den Hof, er vertreibt die Finsternis ein Stück bis hinter den Gartenzaun, ein tröstlich-warmer Schein da draußen. Er läßt uns ahnen, daß die Welt nicht auf ewig unter der Schneedecke wie unter einem kalten Leichentuch begraben sein wird. Und auch die

Schneeflocken bekommen in diesem warmen Lichtschein einen milden Glanz, ein trauliches Bild, durch die schützende Fensterscheibe betrachtet.

Je weiter die Nacht fortschreitet, um so behaglicher wird's drinnen. Die brennenden Scheite im Ofen knistern leise, und wenn der Sturm wütend einen Arm voll Schnee auf das Dach des Schulhauses wirft, faucht es gespenstisch im Kamin, und ein dünner, harziger Rauch verbreitet sich in der Stube. Wir müßten nun eigentlich daran denken, uns ein Nachtmahl zu bereiten, denn vom Glühwein allein wird man nicht satt, wie uns das Knurren in der Magengegend verrät. Aber dann erinnern wir uns aus lauter Bequemlichkeit der Studentenzeit und der Armut, die uns beide damals gemeinsam an einem Stück Reibekäse knabbern ließ, etwas trockenes Brot dazu und ein sarkastisches Dankgebet für die gesegnete Mahlzeit hinterdrein. Darum hole ich aus der Vorratskammer ein Stück Speck und einen Laib Brot, an denen wir, jeder ein Messer in der Hand, ein paar Scheiben herunterschneiden und mit Behagen verzehren. Und der Wasserkessel auf dem Ofen für den Glühwein singt eine monotone Tafelmusik dazu.

Er summt noch lange nach Mitternacht vor sich hin und unterbricht seine gleichbleibende Melodie nur, wenn er mit frischem Wasser nachgefüllt wird, und das geschieht in dieser Nacht noch einige Male, zugegebenermaßen.

Denn der Glühwein mundet uns vorzüglich. Es kommt später etwas Abwechslung in den Geschmack des roten Gesöffs, als uns erst der Kaneel, dann die Nelkenblüten und schließlich auch der Zucker ausgehen.

Übrigens mache ich mir keine Sorgen, wenn ein kleiner Rausch über mich kommt. Ausgeschlossen, daß bei diesem Schneesturm, der die ganze Nacht über anhält, die Kinder sich am Morgen auf den Weg zur Schule machen können, die Eltern werden sie nicht fortlassen. Mein Freund und ich können uns getrost in die warmen Betten verkriechen und die Decken ein wenig höher über unsere Köpfe ziehen, wenn der Morgen dämmert. Die Pfade und Hohlwege sind ja zugeschneit und verweht, ein Segen für die beiden Glühweintrinker in der Nacht ...

Aber ein paar Stunden später, als der erste zage Lichtschein durch die Fenster dringt, werden Kinderstimmen auf dem Schulhof laut. Das kann doch nicht wahr sein, denke ich und fahre erschrocken aus dem Bett. Vorsichtig spähe ich durch einen Spalt im Fenstervorhang. Es schneit noch immer, wenn auch der Sturm sich ausgetobt zu haben scheint, denn die Flokken fallen senkrecht vom Himmel. Und unten auf dem tief verschneiten Hof bauen die Kleinen schon Schneemänner, während die großen Jungen aus dem Holzschuppen Buchenscheite in die Schule schleppen, damit der Ofen die rechte Glut hat, wenn der Unterricht beginnt. Sie besorgen das jeden Morgen, denn die Gemeinde hat kein Geld, einen Heizer zu bezahlen, und die Kerle verstehen sich auf all die kleinen Dienste, die in den großen Schulen ein Hausmeister verrichtet.

Die Holzträger kommen im Gänsemarsch aus dem Schuppen. Sie haben eine Bahn getreten, und daran kann ich ermessen, daß der Schnee ihnen fast bis zur Hüfte reichen muß. Ein Rätsel, wie die Kinder den Weg zur Schule geschafft haben, besonders, wenn ich an die ganz Kleinen denke, denen die Schneemassen ja schier bis zum Halse reichen müssen!

In aller Eile fahre ich in die Hosenbeine, stecke den schweren Kopf in eine Schüssel kalten Wassers, damit sich das schauderhafte Prickeln unter den Haarwurzeln legt, an denen die Weingeister in ihrer boshaften Schadenfreude beharrlich zwicken, und dann werfe ich mir die Jacke über und bin auch schon draußen auf der Schultreppe. Da sind die Wollknäuel wieder, alle mit roten Gesichtern bei ihrer Geschäftigkeit und mit dampfendem Atem vor ihren Mündern.

Aus der offenen Schulzimmertüre strömt die Wärme des weißglühenden Ofens, aber keiner will sich nach drinnen verkriechen. Der Winter hat den Schulhof über Nacht in ein Wunderland verwandelt, in dem sich herrlich tummeln läßt. Die Schneemassen bieten den unerschöpflichen Werkstoff für hundert Formen und Bauten, eine Schande, wenn man ihn nicht nutzt. Die Wände einer Schneehütte wölben sich schon zu einer Kuppel, und die kleinen vermummten Gestalten darin sehen nun wirklich aus wie Eskimokinder in ihrem Iglu. Auf der angrenzenden Wiese wird eine mächtige Schneekugel gerollt, eine ganze Rotte müht sich damit ab, denn es soll ja sicher eine neue Weltkugel werden, nicht gar so rund wie die unsere, aber dafür blütenweiß und friedlich und ohne das bunte, zum ewigen Hader geschaffene Gewirr der Länder. Entlang der Hecke ist bereits ein Regiment Schneemänner angetreten, nicht so ganz militärisch stramm und ausgerichtet; dafür hat jeder einen Charakterkopf, pausbackig oder hohlwangig, grinsend oder mürrisch. Und drüben erkenne ich auch schon mein Konterfei, von hurtigen Mädchenhänden mit dem rechten Gespür für meine schwachen Seiten geformt. Ein emsiges Gekrabbel da draußen in der eisigen Luft und unter dem unaufhörlichen Geriesel der Flocken.

Aber noch sind nicht alle Kinder da, obwohl die Uhr schon den Beginn der Unterrichtsstunde anzeigt. Sie werden nicht mehr kommen, denke ich, denn manche Wege sind ja grundlos tief verschneit. Aber gerade in diesem Augenblick sehe ich drüben am Hohlweg, wie sich eine Kolonne im Gänsemarsch auf das Schulhaus zuschiebt. Ein großer Junge wühlt sich mit Beinen und Armen durch die Wehen, der starke Kerl drückt einen Haufen Schnee vor sich her, und nur sein rotes Gesicht darüber ist zu erkennen. Und hinter ihm drein stapfen und stolpern die anderen Kinder, eine ganze Kette, akkurat der Größe nach, damit die letzten, die winzigen i-Männchen, leichteren Schrittes durch die hohle Gasse vorwärtskommen.

Am Mittag schnalle ich mir die Skier unter die Schuhe und gleite die Wege entlang, die die Kinder am Morgen gekommen sind. Unfaßbar, wie sie sich, von den Eltern wie selbstverständlich auf den Weg geschickt, bis zur Schule durchgekämpft haben, mit feuerroten Gesichtern und klammen Händen zwar, aber gesund und guter Dinge – fürwahr ein hartes Geschlecht!

Ja, meine Kinder gingen damals bei Wind und Wetter ihre weiten, beschwerlichen Schulwege. Sie kämpften sich durch Staub und Sturzbäche und Schneewehen, ohne Murren und immer fröhlich in ihrer bescheidenen Zufriedenheit. Sie kamen in die Schule, wenn das Fieber schon aus ihren glänzenden Augen schaute, einen wollenen Schal um den kranken Hals geschlungen. „Das gibt sich schon, Herr Lehrer.", sagten sie nur, wenn ich ihnen riet, wieder heimzugehen. Wegen solcher Kleinigkeiten legten sie sich nicht gleich ins Bett.

Hatten diese tapferen Kinder am Nachmittag ihre Aufgaben für die Schule verrichtet, wartete die Arbeit des Hofes auf sie. Sie hatten ja zeitig gelernt, anzufassen: beim Heuwenden, beim Einfahren und Abladen, beim Melken und Füttern – oh, die Landkinder hatten schon ein paar kräftige und geschickte Hände, und selbst die Kleinsten wußten bereits das Handpferd zu führen, wenn der Dung aus den Ställen auf den Acker gestreut werden mußte.

Vielleicht werden kluge Leute jetzt mahnend den Finger heben und einwenden, dies alles passe doch schlecht in unsere kinderfreundliche Epoche. Hatte man nicht einst das Jahrhundert des Kindes ausgerufen, allen voran die große Ellen Key? Ein neues, goldenes Zeitalter sollte ja anbrechen und die Jugend frei machen von Frondienst und knechtlicher Arbeit, gewiß eine lobenswerte Idee, wenn man an die blassen Gesichter in den Fabriken und an die Heimwerkstätten in feuchten, finsteren Kellerlöchern zurückdenkt. Indes, unsere Dorfkinder fühlten sich nie als Geknechtete, sie wuchsen ja mit der Arbeit in der guten, gesunden Landluft auf, und die Arbeit wurde ihnen mit der Zeit zum Spiel, das ihnen hundertmal mehr behagte als die dummen Schularbeiten, die ihnen der Lehrer aufgegeben hatte, überflüssigerweise. Das Pferd war ihr Freund, und auf dem Traktor ließ sich die Geschicklichkeit beweisen, wenn der Ehrgeiz sie trieb, das Vehikel mitsamt dem angehängten Heufuder rückwärts auf die Tenne zu bugsieren, in einem Gang, versteht sich, denn wer da erst hin- und herschalten und wieder vorziehen und das Gekurve von Neuem beginnen mußte, der hatte schon bei den Nachbarjungen verloren, die heimlich über die Mauer schielten.

Wenn ich sommertags durch die Felder und Wiesen ging und meine Schulkinder hoch oben auf den Wagen sah, wie sie das Heu kunstvoll zu einem Fuder packten oder die Garben auffingen, die, auf Forken gespießt, hinaufgeworfen wurden, kam ich mir vor wie ein Tagedieb, der nichts Besseres wußte, als herumzustreunen, da das Land ringsum voller Arbeit war. Die Kinder sahen mich und winkten mir lachend zu, ja sie lachten tatsächlich, wiewohl ihnen das Haar vom Schweiß am Kopfe klebte.

Ach, ich habe später, als ein unguter Geist mich in die Stadt trieb, oft an meine Dorfkinder zurückdenken müssen, an dieses harte Geschlecht, das der Natur trotzte und bei der Arbeit lachen konnte!

Heute ist das ja alles anders. Es wurde mir schon bald bewußt, als ich zum ersten Male vor den Stadtkindern stand. Viele von ihnen schienen wie unter einer Watteglocke dahinzuleben, in die Elternliebe sie mit samtnen Handschuhen hineingestellt hatte, eine Affenliebe freilich, blind und nicht ahnend, daß Wind und Regen, Hitze und Kälte dem Kinde ebenso zustehen wie aller Kreatur und allem Gewächs da draußen in Gottes freier Natur. Es wurde mir zu einer beklemmenden Gewißheit, daß hier ein anderes Geschlecht heranwuchs, von Jahr zu Jahr angekränkelter, anfälliger, gereizter, bleicher, durch den Unverstand der Eltern ebenso gezeichnet wie durch die Unrast der Zeit.

Wohin wird das führen? Ja, ich denke mit Wehmut an meine Landlehrertätigkeit zurück, an jene Zeit, da der Krieg zwar das Land, aber nicht den Menschen zerstört hatte. In die Zukunft mag ich als einer, der sich der Jugend verschrieben hat, nur mit Bangen schauen; denn der Friede hat inzwischen wohl das Land geheilt, den Menschen aber scheint er durch seine diabolische Wohlhabenheit zu zerstören.

Schützenfest

Als die ärgste Not der Nachkriegsjahre aus meinem Schuldorf gewichen war und die Militärregierung in den hölzernen Gewehrattrappen der Schützengilde keine unmittelbare Gefahr mehr für den Weltfrieden sah, regte sich alsbald wieder die Sehnsucht nach frohen Festen. Die Landbevölkerung, eingespannt im Joch harter Arbeit, hatte seit jeher ihre sauren Wochen mit frohen Festen auszugleichen gewußt und sie gefeiert, wie sie fielen. Dem Zwange Apolls folgte in schöner, vom Jahreslauf bestimmter Regelmäßigkeit die heitere Ausgelassenheit des Dionys, dem stampfenden Schritt im Zweierrhythmus hinterm Pflug der schwebende Dreivierteltakt des Ländlers oder Walzers auf dem Tanzboden. Zwischen diesen Polen war das Bauernleben schon zu ertragen.

Beim ersten Nachkriegsschützenfest flogen dem hölzernen Vogel auf der Stange Steine entgegen, ein für einen stolzen Adler ganz und gar unwürdiges Unterfangen. Beim zweiten durfte schon geschossen werden, mit Armbrust und Pfeilen zwar nur, aber für den Krone und Zepter tragenden Vogel doch nicht gar so entehrend, zumal seinen Urahnen einstens mit gleichen Geschossen der Leib bespickt worden war. Und schließlich donnerten die Büchsen wieder unter der Vogelstange, daß die Fetzen flogen und der Adler hoch oben für diese humanere Liquidierung von Herzen dankbar war.

Beim ersten Schützenfest floß das Dünnbier in Strömen, ohne nachhaltige Wirkung zu zeigen. Beim zweiten trug man, unterm Rock versteckt, heimlich selbstgebrannten Schnaps ins Festzelt, der beim dritten jedoch schon an den Tresen im freien Handel zu haben war.

Vom „Stangenabend", den die Mannsleute unter sich feiern, wurden fürchterliche Dinge erzählt, was den Alkohol betrifft. Und deshalb redete ich mir selbst sehr eindringlich ins Gewissen, hübsch auf der Hut zu sein, als ich mich an einem Spätnachmittag auf den Weg zum Schützenplatz machte. Ein einziges Schnäpschen in Ehren, in Teufels Namen, warum nicht? Ist es nicht gut gegen mancherlei Unbill im Gedärm, die sich nach dem Dauergenuß von Maisbrot und Steckrüben leicht einzustellen pflegte? Na also! Aber dann käme unweigerlich die Einsicht, daß es sich auf einem Fuße nicht gut, auf zweien schon besser stehen lasse, daß aller guten Dinge drei sind und weiter: daß es ja wohl vier Evangelisten gebe und man schließlich zu den Krüppeln zähle, sofern man keine fünf Finger an einer Hand nachzuweisen habe. Die reinsten Künstler der Arithmetik, diese Kerle da an den Theken.

Schulmeister, sei auf der Hut, sagte ich mir zum zweiten Male, als ich an jene unendliche Zahlenreihe dachte, die erst dann einen völlig unmathematischen, nebelhaften Endpunkt zu erreichen beliebte, wenn, für Trinkfeste bei den zwölf Aposteln oder waren es derer gar mehr?, das akkurate Zählen plötzlich verteufelt schwer zu werden begann. Der Schulmeister – oder vielmehr der Herr Lehrer, achtbare Respektsperson im Dorfe und unterm Schützenzelt begehrter Gesprächs- und Trinkpartner zwecks Aufbesserung des eigenen Ansehens, durfte sich den Fauxpas auf keinen Fall erlauben. Also wachsam sein, ehe man begann, nicht mehr wach zu sein ...

Als ich mich dem Festplatz näherte, trat mir Martin mit wichtiger Miene entgegen. „Herr Lehrer, passen Sie gut auf!"

„Nanu, Martin, was gibt's denn da aufzupassen?"

„Ja, Herr Lehrer, das ist so: Der Tappenhofbauer und der Stellmacher, sehen Sie die beiden drüben am Tresen stehen?"

Ich sah sie. Trinkfeste Leute, diese beiden, davon hatte ich schon gehört.

„Also", fuhr Martin fort, „als ich da eben vorbeischlenderte, da hörte ich ganz deutlich, wie die beiden zueinander sagten: ‚Ob unser Schulmeister wohl beim Trinken mithalten kann? Sieht verdorri nicht danach aus, dieses dürre Gerippe! Wir müssen's mal ausprobieren, nach wieviel Pinneken er in die Knie geht!' Also aufpassen, Herr Lehrer! Die beiden sind Schelme und könnten sich morgen eins ins Fäustchen lachen!"

Ich schlug dem Burschen auf die Schulter. „Du bist ein Staatskerl, Martin!"

„Warum denn? Wir müssen doch zusammenhalten, Herr Lehrer!"

Fort war er.

Ich betrat den Schützenplatz. Und wie von ungefähr kreuzten alsbald die beiden Pinneken-Trinker meinen Weg. „Sieh da, unser lieber Herr Lehrer! Welch eine Ehre! Dem hohen Besuch ein Schnäpschen gefällig?"

„Natürlich gern, meine Herren", rief ich den beiden Heuchlern zu, „muß nur eben eine Kleinigkeit essen; mein Magen ist leer wie eine Feldscheune im Sommer!"

Das war natürlich gelogen, doch begab ich mich an den Imbißstand. „Bitte eine Portion Kartoffelsalat!", rief ich der Kellnerin zu, und als ich sah, daß ich nicht beobachtet wurde, nahm ich die Salatölflasche vom Regal und übergoß die Kartoffeln noch und noch, bis die Scheiben in einer fetten Brühe schwammen. Die Kellnerin wandte sich entsetzt um, als ich das fürchterliche Gewabbel in mich hineinschlürfte. Was wußte die schon von jenem an zahllosen Bierabenden in Studentenkneipen und Kasinos erprobten Öltrick, der volle Trink- und Standfestigkeit garantierte?

Derart präpariert schritt ich zum Tresen, an dem der Tappenhofbauer und der Stellmacher schon ungeduldig auf den Probanden mit drei bis zum Rand gefüllten Schnapsgläsern warteten. „Zum Wohl auch, Herr Lehrer!" „Zum Wohl, meine Herren!" Der erste Korn rann wie Balsam durch die ölgetränkte Kehle.

„Die nächste Runde gebe ich!" grinste der Tappenhofbauer, und schon ergoß sich die klare Flüssigkeit in die leeren Pinneken. „Zum Wohl auch!"

„Zum Wohl!"

Die beiden legten ein verflucht scharfes Tempo vor. Kaum daß sie die Gläser an die Lippen setzten, war der Strahl in ihren Schlünden verschwunden.

„Meine Herren, ich darf Sie zur nächsten Runde einladen! Wie wär's mit einem Doppelten?"

In einiger Entfernung sah ich Martin einherschleichen. Er zog ein grimmiges Gesicht. Sollte seine Warnung für die Katz' gewesen sein? Man sah ihm an, daß er so dachte.

Die Doppelstöckigen bissen schon ein wenig schärfer in der Kehle. Zum Wohl auch! Noch 'ne Runde! Prosit!

Pro-pro-prosit! Nach der siebenten Runde kam das Echo des Stellmachers bereits in Raten. Wieder standen die Gläser randvoll auf dem Tresen. Die beiden Kontrahenten hatten das Tempo schon verlangsamt und glotzten zu mir herüber, als könnten sie nicht begreifen, daß das „dünne Gerippe" keinerlei Wirkung zeigte.

Ich benutzte die Denkpause der beiden, um mir eine Zigarette anzuzünden. Wo hatte ich nur die Streichhölzer? „Feuer gefällig, Herr Lehrer?" Als ich mich umdrehte, hielt mir Martin ein brennendes Streichholz hin. Dabei zischelte er mir ärgerlich zu: „Wenn das nur gutgeht!"

„Keine Sorge, Martin", flüsterte ich unauffällig zurück, „die beiden kriegen mich nicht unter!" Kopfschüttelnd und zweifelnd zog sich der Junge zurück.

„Zum Wohl, meine Herren!" Ohne eine Miene zu verziehen, leerte ich mein Glas. Die Herren aber stützten sich bereits mit schweren Gliedern auf die Theke. „Verstehst du das Tappenhofbauer?", murmelte der Stellmacher und versuchte, den Zechkumpanen anzusehen. Doch seine Augen fanden ihn nicht, weil die Blicke immerzu ins Leere schossen.

Bei den zwölf Aposteln ging der Stellmacher graziös in die Knie. Nach den nächsten beiden Gläschen kippte der Tappenhofbauer mit ausgestreckten Armen vornüber auf den Schanktisch und schlief augenblicklich ein.

Der edle Wettstreit hatte mittlerweile Zuschauer angelockt, die das Trinkertrio im Halbkreis umstanden. Wie ein Duellant nach einem siegreichen Zweikampf seine Waffe feierlich zur Seite legt, setzte ich das leere Glas auf die Theke zurück, warf noch einen mitleidsvollen Blick auf die untenliegenden Unterlegenen und wandte mich zum Gehen.

Da war Martin an meiner Seite, sah mich strahlend an und stelzte stolz wie ein Sekundant neben mir durch die gaffende Menge über den Schützenplatz.

Die ohnmächtige Allmacht

Es ist ja nur ein alter, harmloser Witz, die Frage nach dem Unterschied zwischen dem lieben Gott und dem Schulmeister. Sie wird einem immer erst gestellt, wenn man dem Klassenzimmer längst enteilt ist. Bei dem aber, der noch die Schulbank drückt, würde der Seitenhieb des Witzes ins Leere gehen und die Pointe auf Verständnislosigkeit stoßen. Denn daß der liebe Gott alles weiß, ist dem Schüler aus der Religionsstunde wohlbekannt, und daß der Lehrer alles besser weiß, erfährt er tagtäglich im Unterricht. Wo käme man auch hin, wenn der Schulmeister jede falsche Antwort einfach überhörte und jeden Fehler übersähe? Der Schüler weiß, daß der Mann da vor ihm mit seinem guten Licht des besseren Wissens in das Dunkel seines kindlichen Verstandes hineinleuchtet. Und das Kind, wißbegierig von Natur, nimmt das Einleuchtende dankbar an, sofern der Lehrer sich als sein guter Freund erweist und nicht als überheblicher Räsoneur daherpoltert. Kurz gesagt: Daß der Lehrer alles besser weiß, ist dem Kinde schon recht, es kennt und wünscht es sich nicht anders.

Erst wenn längst die Schultür hinter dem Heranwachsenden ins Schloß gefallen ist, begegnet ihm der Witz der neunmalklugen Generation, der aus dem Mann mit dem besseren Wissen kurzerhand einen Besserwisser macht.

Der Vergleich reizt zum Lachen, warum auch nicht? Es steckt ja kein Hohn dahinter, kaum eine leise Ironie, und todsicher ist er nicht als später Racheakt von einem Schüler aus der letzten Bank erfunden.

Immerhin aber ist bei der Frage nach dem Unterschied der Schulmeister in die beklemmende Nähe des lieben Gottes gerückt, und vielleicht haftet ihm sogar der fatale Geruch der

Allwissenheit an. Vor allem die Dörfler sehen ihn, was seine Omnipotenz betrifft, vielfach in höheren Gefilden schweben, so als könne er mit seinem Zeigestock an die Himmelstüre klopfen, um in ganz schwierigen Fällen den nötigen Rat von oben einzuholen. Ach, wenn die Bauern wüßten, wie sehr ich sie immerzu um manche Lebensweisheit beneidet habe, die sich, auch ohne die Schule, in hundert klugen Sprüchen und Regeln von Generation zu Generation vererbte. Wie sie in Feld und Flur, in Haus und Hof mit solidem Können zu Werke gehen, solider als unsereins manchmal mit seinem fragwürdigen Gehabe in den vier Wänden des Schulzimmers.

Aber das Selbstverständliche bedenken die Bauern ja nicht. Sie schauen zu ihrem Herrn Lehrer auf, zu seiner Gelehrtheit, die ihn zum Alleskönner, zum Tausendsassa emporhebt.

Das geht so Tag für Tag. Da kommt zum Beispiel ein Bauer zu mir, einen Korb herrlicher Zitronenäpfel in der schwieligen Hand, und bittet um eine Gefälligkeit. Eine kleine nur, belanglos eigentlich, und fast schäme er sich, den Herrn Lehrer überhaupt damit zu belästigen.

„Nur heraus mit der Sprache", sage ich, indem ich nach dem Apfelkorb schiele, „wenn ich irgendwie helfen kann . . ."

„Ich hab's ja gewußt, Herr Lehrer!" ruft der Bauer entzückt, wobei er mir mit beiden Händen meine Rechte drückt. „Ich hab's ja gewußt, und übermorgen schlachten wir, da soll's an einer Mettwurst auch nicht fehlen . . . !"

Natürlich überhöre ich das Angebot des Schlachtgeschenks – ein Schulmeister soll ja von Amts wegen unbestechlich sein –, doch beschließe ich vorsichtshalber, ihm meine Hilfe so gut angedeihen zu lassen, daß er sein Versprechen nur ja nicht zu bereuen habe.

„Es handelt sich nämlich um meinen Nachbarn, einen streitbaren Patron", beginnt der Bauer und erzählt mir, daß dieser gottlose Mensch immerzu seine Gänse durch ein Loch im Staketenzaun lasse, weil er selber keinen Auslauf hinterm Haus habe. Das sei doch wahrhaftig eine Infamie, die endlich einmal vor den Kadi gehöre, und ob ich mit meiner Schreibkunst ihm nicht einen gepfefferten Brief an das hohe Gericht in der Stadt aufsetzen könne . . .

„Unerhört von dem Nachbarn!", pflichte ich ihm bei und gerate beim Schreiben selber so in Harnisch, daß der Richter eigentlich nur noch zwischen Kerker und Galgen für den gewissenlosen Delinquenten zu entscheiden hat. Voll des Lobes für meine scharfsinnige Klageschrift und unter vielen Bücklingen zieht der Bauer siegesgewiß von dannen.

Eine Stunde später läutet es wieder an meiner Haustür. Der Gänsebesitzer wünscht mich zu sprechen. Am liebsten hätte ich diesem Kerl gleich die Leviten gelesen, unterlasse es jedoch vorerst, weil er einen Korb goldgelber Speckbirnen vor meine Füße stellt. „Für Sie, Herr Lehrer", und ob ich ihm mit meiner Schreibkunst – – –

Ich setze ihm einen Brief an das hohe Gericht auf, reichlich gesalzen, versteht sich, denn es ist doch eine Lumperei, richtiggenommen sogar hinterlistiger Diebstahl, wenn der Nachbar ausgerechnet dann seine Hühner durch das vermaledeite Loch im Zaun läßt, da auf dem eigenen Hof für Hahn und Hennen die Körner gestreut werden, Mais und Weizen, das beste, was die Tenne hergibt. Das hohe Gericht möge beim Bemessen der Strafe nicht zimperlich sein . . .

Kaum ein Tag vergeht, an dem ein Landschulmeister nicht um Rat und Hilfe gebeten wird. Der Schützenhauptmann will eine Festrede für die Fahnenweihe aufgesetzt haben. Ein altes Weiblein kommt aufgeregt zu mir, sein lieber Mann liege im Sterben, es müsse jeden Augenblick vorbei sein mit ihm, und natürlich habe der Alte nie ans Testament gedacht. Ob ich wohl noch eben – – – Mit Papier und Dienstsiegel schwinge ich mich auf mein Stahlroß. Es langt gerade noch, den letzten Willen zu Papier zu bringen. Mal bin ich Notar, freilich ohne Honorar, mal Advokat und bei jeder Gelegenheit ein bestallter Festredner. Da ist eine ansehnliche Hochzeit im Dorfe, der Bürgermeister sei heiser, läßt er fadenscheinig bestellen, und jemand müsse doch eine Rede halten. Wer könnte das wohl besser als der Schulmeister?

Eines Tages bin ich dabei, als ein Rind zu kalben beginnt. Rein zufällig sitze ich in einer Bauernstube und plaudere mit den Leuten. Da tönt das Gebrülle einer Kuh aus dem Stall zu uns herüber, markerschütternd und qualvoll, und der Bauer springt sofort auf und schreit in die Küche: „He, seid ihr taub? Die Liese kalbt!" Und hinaus ist er; sein Holzschuhgeklapper verhallt im Hof.

Nach einer Weile kehrt er zurück, mit blutigen Händen und dicken Schweißperlen auf der Stirn. „Ich schaff's nicht allein, der Knecht ist fortgelaufen, ausgerechnet heute! Herr Lehrer, wenn Sie die Güte hätten, mal eben mit anzufassen?"

Aber auch zu zweit schaffen wir's nicht. Der Bauer hat einen Strick um das schon sichtbare Klauenpaar gebunden und ans andere Ende einen Schwengel geknotet, an dem wir mit vereinten Kräften ziehen. Die Liese preßt und drängt mit, aber das Kalb will nicht kommen.

Nun hat es der Zufall gewollt, daß ich während des Krieges einmal in der Ukraine zugegen war, als ein Kälbchen in geburtswidriger Lage durch einen geschickten Eingriff des Kätners zur Welt gebracht wurde. Der Kopf, der sonst bei der Geburt auf den Vorderbeinen liegt, hatte sich seitlich verschoben. Vorsichtig tastete sich der Russe mit seinem Arm in den Mutterleib hinein und drehte den Kopf zurecht; wenig später lag das Kälbchen gesund und glänzend im Stroh.

Das fällt mir gerade wieder in den Sinn, als ich dem gequälten Tier einen Büschel Heu ins Maul stopfe. Schnell streife ich die Hemdsärmel hoch, schiebe meine Hand die Fesseln entlang tief in den Geburtsweg hinein und bekomme tatsächlich den verdrehten Kopf zu fassen. „Ziehen!" rufe ich dem Bauern zu. Der fällt in den Schwengel, die Kuh treibt stöhnend mit, und dann halte ich auch schon das Kälbchen, schleimig und dampfend, warm und zuckend, auf meinen Armen.

Wenig später, Wochen oder Monate vielleicht, ich weiß es nicht mehr genau, kommt eine Frau aus dem Dorf aufgeregt zu mir gelaufen. Die Nachbarin liege in heftigen Wehen, es seien wohl die letzten, und es müsse jeden Augenblick losgehen, aber die Hebamme sei nicht zu erreichen. Ich hätte doch neulich beim Kalben meine Künste bewiesen ...

Jetzt wird's mir zu bunt. Das habe ich nun von meinem Hochmut, es der Allmacht des lieben Gottes gleichzutun! Die Sache mit dem Kälbchen ging ja noch halbwegs an, es war wohl mehr Zufall und Verwegenheit im Spiel als solides Können. Aber ein Menschlein aus dem Mutterleib zu holen, das wäre denn doch sträfliche Vermessenheit. Enttäuscht zieht die Frau ab, zweifelnd, ob es mit der vielgepriesenen Allmacht des Schulmeisters wohl seine Richtigkeit habe.

Die Nachbarin gebar übrigens noch zur selben Stunde, auch ohne die hebende Amme und ohne schulmeisterlichen Beistand, ein gesundes Zwillingspärchen.

Ach, man muß schon recht achtgeben, daß man bei den Leuten im Dorf nicht in den Geruch der Wundertätigkeit gerät. Es wäre ein übler Geruch, und eines Tages würde es doch offenbar werden, wie anrüchig meine Ratschläge in Wahrheit waren: dilettantisch, zufällig, wirklich nicht mehr.

Aber bei den kleinen Dienstleistungen, zu denen ein Schulmeisterverstand fähig ist, bin ich gerne zur Hand. Einen Brief aufzusetzen, das Kauderwelsch amtlicher Schreiben zu enträtseln, eine Rede zu entwerfen – warum sollte ich die Bittsteller enttäuscht heimschicken, vor allem, wenn man in ihren Rocktaschen die Konturen einer Mehlwurst oder eines Speckstückes entdeckt hat? Es geht einem ja alles leicht von der Hand, und manchmal ist das, was den Inhalt betrifft, ergötzlich und belustigend. Kleine Komödien, in denen die Bittsteller unbewußt die Hauptrollen spielen, und der tragische Hintergrund, vor den jedes Lustspiel gestellt ist, wäre schnell aus der Welt geschafft; zum Beispiel, wenn zwei Starrköpfe gemeinsam das Loch im Zaune flicken würden, durch das nicht nur Gänse und Hennen, sondern auch Feindschaften hinüber und herüber schlüpfen können.

Ab und an aber geschieht es, daß der Lehrer zu einer Tragödie auf die Bühne gebeten wird. Es schellt spät abends, fast schon zu nachtschlafender Zeit. Ein Gendarm, eine Gerichtsperson und eine Fürsorgerin bitten mich, mit hinüber zu gehen ins Dorf, man müsse zwei meiner Schulkinder abholen, um sie in ein Heim zu bringen. Ich werfe mir den Mantel über und stapfe mit hinaus in die Nacht.

Unterwegs geht mir mancherlei durch den Kopf. Ich weiß, die Mutter der beiden Kinder ist eine Schlampe. Der Mann hat sich schon vor Jahren davongemacht, und kein Steckbrief hat ihn je erreichen können. Ein christlicher Bauer hat die Frau mit ihren beiden Kindern wie Strandgut einer stürmischen Zeit auf der Straße aufgelesen und eine Kammer hergerichtet. Zweimal bin ich schon dort gewesen, um der Mutter ins Gewissen zu reden. Aber es hat nichts genützt, die Drei versinken tiefer und tiefer in Elend und Schmutz.

Das alles weiß ich, nur eines nicht: Warum muß der Schulmeister dabei sein, wenn man der Mutter die Kinder nimmt? Soll ich die Mutter trösten und den Kindern gut zureden?

Beides vermag ich nicht. Die Mutter bedarf keines Trostes, unfaßbar für jeden, der selbst Kinder hat. Sie hockt in einer Zimmerecke, mit stumpfem Gesicht, mit leeren Augen, in denen jeder Lebensfunke erloschen scheint. Es ist nicht so, daß die Wermutflasche in ihrer Hand außer ihrem Durst auch noch alle Empfindungen gelöscht hat. Bei jedem Besuch habe ich sie in dieser traurigen Gefühlslosigkeit angetroffen. Die Frau starrt auf die späten Eindringlinge, hört teilnahmslos zu, wie der Gerichtsbescheid verlesen wird und nickt nur schwerfällig dazu. „Ist gut", kommt es lallend heraus, „nehmt die Blagen nur mit, ist gut!"

Meine Begleiter, von Amts wegen mit ähnlichen Situationen vertraut, sehen fassungslos auf die Mutter herab. Wie tief ist dieses Weib gesunken, tiefer als manches Tier, das sich zum Kampfe stellt, wenn man ihm ein Junges nimmt!

Und wer will dieses eine Geheimnis ergründen, daß sich die Kinder, als sie das Vorhaben der Amtspersonen erkennen, verzweifelt an die Mutter klammern? Der Gendarm wirft mir einen Blick zu. Die Fürsorgerin bittet mich, mit den Kindern zu reden. Sie weiß, welche Macht ein Schulmeister über seine Kinder hat.

Aber hier bin ich mit meiner Kunst am Ende. Es gelingt mir zwar, die beiden Kleinen zu beruhigen und ihnen Trost zuzusprechen. Sie würden es ja im Heim viel besser haben, sage ich; sie würden immer satt zu essen bekommen, saubere Kleider tragen und ganz gewiß die Mutter gelegentlich wiedersehen.

Als das Wort „Mutter" aus meinem Munde kommt, fangen die Kinder wieder laut zu jammern und zu klagen an. Sie klammern sich noch fester an das betrunkene Weib, das sich hin und wieder rekelt, als wolle es die lästigen Kinder abschütteln.

Da wende ich mich erschüttert ab und gehe durch die Finsternis heim. In der Nacht kann ich nicht schlafen. In hilflosen Gedanken begleite ich die Kinder auf ihrem ungewissen Weg in die Fremde. Und in das schlaflose Grübeln schleicht sich die Erkenntnis ein, daß es mit der vielgerühmten Allmacht des Dorfschulmeisters doch nicht weit her ist.

Die goldene Uhr

Ingeborg kam erst spät in meine Dorfschule. Den anderen Flüchtlingskindern war das Land ringsum längst zu einer neuen Heimat geworden, sie kannten sich aus auf jedem Weg und Steg, und aus ihren Kammern war die nackte Bedürftigkeit ausgezogen und statt ihrer nicht gerade der Reichtum, aber eine warme Behaglichkeit eingekehrt.

Und nun kam Ingeborg zu mir, sie stand eines Morgens mit ihrer Mutter in der Schultüre, frierend und bleich. Das Mädchen trug ein hauchdünnes Kleidchen, obwohl ein kalter Wind um das Schulhaus pfiff. Seine Körperlinien waren schon leicht geschwungen, und unter dem blusigen Oberteil des Kleides wölbten sich sichtbar die Kennzeichen nahender Fraulichkeit.

Die untersetzte, verhärmte Frau bedeutete mir in wohlgesetzten Worten, daß sie beide seit vielen Jahren einen Irrweg gewandert seien, durch Läger und Notunterkünfte, auf endlosen Straßen, weiß vom Staub oder vom Schnee, gleichermaßen trostlos und bitter. Nun aber habe man ihnen in meinem Schulorte ein winziges, recht verwahrlostes Fachwerkhaus zugewiesen, das Nötigste an Hausrat sei vorhanden, gewiß, und anderes ließe sich vielleicht noch beschaffen – ob der Herr Lehrer wohl am Anfange ein wenig Rücksicht nähme, wenn es hier und da mangele?

Während die Frau redete, betrachtete ich das Mädchen genauer. Nach dem Gesetz hätte es auf Grund seines Alters die Schule bald verlassen müssen, man sah es auf den ersten Blick. Ingeborg stand da, die schmalen Schultern nach vorne gebeugt, auf ihrem blassen Gesicht ein leises, verschämtes Lächeln, das aber die Spuren der Not und Traurigkeit, die sich tief in den Augenwinkeln eingegraben hatten, nicht ganz verwischen konnte. Mit diesem Lächeln sah das Mädchen unverwandt zu meinen Kindern hinüber, als wolle es um ein wenig Zutrauen bitten. Wie oft schon hatte es auf seinen endlosen Wegen aus der Heimat in die Fremde an die Schultüren gepocht, ein Kommen und ein Gehen, nirgendwo ein langes Verweilen – die Stempel in seinem Zeugnis glichen ja denn auch Kainsmalen eines dunklen Geschicks.

Und nun stand Ingeborg da mit ihrem bittenden Lächeln, und meine Jungen und Mädchen, sonst rauhborstig und wild, lächelten zurück. Ich hatte ihnen ja oft genug eingeschärft: Die da bei uns anklopfen, hoffen auf unsere Hilfe. Sie haben zwar ein Dach über dem Kopf, aber kein Zuhause. Sie kommen aus der Ferne, in der sie ihre Freunde zurückgelassen haben. Bietet ihnen gleich eine neue Freundschaft an, so wie ihr mich damals aufgenommen habt, ihr wißt es noch! Auf-nehmen – sagt dieses Wort nicht schon, daß ihr euch bücken, herablassen müßt, um etwas aus der Tiefe zu heben? Aus der Tiefe des Elends, der Verlassenheit oder aus der Trauer um Verlorenes.

Man lächelte einander zu, warm und freundlich, und dieses erste Lächeln war es wohl, das Ingeborg den Weg in unsere Schulstube so leicht machte.

Das Mädchen holte schnell auf, was es in den Jahren der Heimatlosigkeit versäumt hatte. Als der vom Gesetz vorgeschriebene Tag seiner Entlassung näherrückte, saß ich eine halbe Nacht daran, Ingeborgs Geburtstag im Klassenbuch mit Hilfe eines scharfen Messers und schwarzer Tinte zu ändern. Als bald darauf der Schulrat zur Visitation kam, entdeckte sein Scharfblick gleich mein Bubenstück. „Urkundenfälschung, Herr Kollege!", sagte er und gab mir mit einem verständnisvollen Lächeln das Buch zurück. Der Schulrat war ein vernünfti-

ger Mann, die Kinder hielten reinen Mund, und so konnte das Mädchen noch ein ganzes Jahr bei uns in der Schule bleiben. Und da zeigte es sich, daß Ingeborg, durch Leid gereifter, durch Not erfahrener, alsbald zum Leitstern für die Gespielinnen wurde. Immer, wenn ich die Mädchen auf dem Schulhof oder im Dorfe beisammen sah, stand Ingeborg in ihrer Mitte, nicht aufdringlich, nicht herrisch, sondern in ihrer lieben, fast mütterlichen Art. Man hing an ihr, und selbst die Jungen, diese ungeschlachten Rauhbeine, gaben sich die allergrößte Mühe, in der Nähe des älteren Mädchens manierlicher zu sein.

In der Hütte, in der Mutter und Tochter leben, kehrte alsbald ein reinlicher Glanz ein. In den Abendstunden klopften Bauern an die Türe und brachten heimlich, von ihren Kindern dazu gedrängt, Möbelstücke, Geschirr und Wäsche. Ingeborg lächelte zu alledem wie am ersten Tage, doch mischte sich in ihr Lächeln nicht mehr die Trauer, sondern grenzenlose Seligkeit.

Im Frühjahr wurde das Mädchen konfirmiert. Das ganze Dorf beteiligte sich daran, den Tag festlich auszurichten. Der Lehrer wurde eingeladen, und ein Onkel kam von weither und brachte eine wertvolle Armbanduhr mit. Welch ein Jubel in dem kleinen, von Frühlingsblumen aus Kinderhand reichlich geschmückten Haus!

Die goldene Uhr trug Ingeborg täglich voller Stolz in der Schule. Meine Mahnung, das kostbare Geschenk doch vorsichtshalber daheim zu lassen, schlug sie in den Wind. „Warum denn, Herr Lehrer? An meiner Freude sollen doch alle teilhaben!" Und wahrhaftig durfte jeden Tag ein anderes Kind das Kleinod an der Hand tragen.

Eines Tages aber geschah das Unglück. Ein Mädchen kam weinend zu mir gelaufen, völlig verstört und kaum fähig, mir den Hergang zu schildern. „Da neben dem Schulhaus – Sie wissen, Herr Lehrer – hinter der Tür mit dem Herz – Ingeborgs Uhr ist mir vom Arm geglitten und in die Tiefe gefallen – ach Gott, was mache ich nur – die arme Ingeborg!" Hemmungslos schluchzte das Kind und hielt in verzweifelter Scham beide Hände vor sein Gesicht. Ingeborg kam hinzu, sie ahnte ein Unglück, die anderen Mädchen alle, und bald heulte der ganze Schulhof zum Steinerweichen.

Was tun? Ja, was tun in dieser schlimmen Lage? Das Aschenputtel von einst war zur heimlichen Königin meines Kinderreiches geworden, das Konfirmationsgeschenk sozusagen die Krönung ihres glückhaften Aufstiegs. Der Verlust dieser Insignie konnte viel bedeuten, vielleicht sogar einen unaufhaltsamen Sturz in das heulende Elend ...

Ich rief meine großen Jungen zusammen. Mit diesen Kerlen, stämmig, tatendurstig und voller Robinsonschläue, hatte ich schon manchen hoffnungslos verschlungenen Knoten gelöst. Sie wußten bereits, was sich ereignet hatte, und darum nahmen wir gleich gemeinsam die Örtlichkeit in Augenschein. Hm, eine verteufelte Geschichte, ohne Zweifel, und es war denn ja auch ein Teufelsgestank rund um den Unglücksort. Aber da kam auch schon der erste gute Ratschlag: „Den Schacht einfach leerpumpen, Herr Lehrer!" „So, leerpumpen, meint ihr? So ganz einfach?" Ich schob den Hut in den Nakken, die Jungen taten ein Gleiches mit ihren Mützen, ein Zeichen, daß wir uns die Sache durch den Kopf gehen ließen. Und schließlich war im Rat der Weisen alles klar. Ein Pumpenwagen mußte her, der war im Dorf wohl aufzustöbern, wenn man in den Remisen die Augen richtig aufmachte.

Gut also, ein paar Burschen stoben davon, und nach einer knappen Stunde kam auch schon das Gerassel der Jauchepumpe die Straße herab. Die Jungen hingen atemlos in der Deichsel. Man hatte auf die Pferde verzichtet, denn erstens wäre kostbare Zeit beim Anschirren verstrichen, und zweitens hätte man den Pumpenbesitzer erst umständlich bitten müssen, eine überflüssige Höflichkeit bei diesem Notstand.

Als wir den seitlichen Schacht öffneten, quoll uns ein widerlicher Geruch entgegen und vermischte sich mit der Schwüle des Sommertages. Entsetzt und angewidert stob die junge Schar auseinander. Meine Nase hingegen schienen die penetranten Dünste zwischen Leichen und Kadavern auf den Schlachtfeldern Europas immun gemacht zu haben; ich blieb stehen und blickte in den Schacht hinab. „Hat der aber Nerven!" hörte ich hinter mir flüstern. Ein Unterton der Anerkennung schwang mit. Kinder in jenem Alter stellen überkommene Autoritäten ja nur in Frage, wenn sie in ihnen keine Vorbilder entdecken, denen sie nacheifern können.

Martin, als Leithammel meiner Herde immer voller Drang nach Männlichkeit und Heldentum, kehrte als erster an den Ort des Grauens zurück. „Seid doch keine Memmen, he!", rief er. Seine Stimme vibrierte zwischen Mut und Ekel. Da kamen auch die anderen näher.

„Turnhosen anziehen", befahl ich, „und nasse Taschentücher vor Mund und Nase!" Eine Atempause und Zeit zum Mutschöpfen. Das Kommando stob davon. Dann aber wurde es ernst. Der Saugstutzen wurde in den Schacht gelassen, vier Jungen warfen sich auf den Pumpenhebel, und bald ergoß sich der unterirdische Segen in den Straßengraben. (Kein Mensch ist je dahinter gekommen, warum der Wuchs der Gräser und Kräuter unterhalb der Schule in der nächsten Zeit tropische Ausmaße annahm und die Botaniker aus der Stadt rein aus dem Häuschen gerieten.)

Nach einer guten Stunde war die Hälfte des Schachtes entleert. Die Pumpe hatte indes die goldene Uhr noch nicht ans Tageslicht befördert. Plötzlich brach der Jauchestrom ab. Ein wenig Kluckern noch, aus! Der Saugstutzen war nicht lang genug. Den Pumpenhebel hätte jetzt ein i-Männchen allein bewegen können. Dumme Gesichter bei den Jungen, denen der Schweiß in den Haaren klebte. Ratlosigkeit. Martin knirschte durch die Zähne: „Verdammter Mist!" In der Religionsstunde am Morgen hatten wir noch über das Fluchen gesprochen und die besten Vorsätze gefaßt.

Alles schien wie verhext. Ich konnte die Gedanken meiner Jungen von ihren verschwitzten Gesichtern ablesen: Der Einfall mit der Pumpe war ein Reinfall geworden, schlimm genug für Kerle, die in ihrer Hilfsbereitschaft immerzu Berge versetzen möchten!

Ein Reinfall? Ich mußte ihnen beweisen, daß ihre Idee dennoch von Nutzen gewesen war. Der kotige Schlamm stand jetzt nur noch kniehoch im Schacht.

Und dann war ich auch schon unten. Ein grausiges Gefühl, als die kalte Brühe mir an den Beinen hochstieg. Nur kein Zähneklappern! Vorsichtig wühlte ich mich im stockfinsteren Bassin vor, die Arme bis zu den Achselhöhlen im Morast. Ein aussichtsloses Beginnen? Vielleicht. Oder sogar sicher! Doch es mußte gewagt werden, wenn die Uhr – und Ingeborgs seelisches Gleichmaß wiedergefunden werden sollten.

Die Sekunden verrannen wie Minuten. Ekel über Ekel überkam mich. Plötzlich stellte sich Atemnot ein. Nichts wie raus aus dieser Hölle!

Draußen rang ich nach Luft – ich hatte nicht die giftigen Gase bedacht, die sich leicht in solchen Gruben bilden. Mit einem neuen Taschentuch vorm Gesicht stieg ich wieder hinab. Die Jungen hatten mir einen Strick um den Leib gebunden, für alle Fälle, woher hatten sie nur immer ihre genialen Einfälle?

Verkürzen wir die lange Zeit, die ich in der Unterwelt weilte – nach einer halben Stunde brachte ich Ingeborgs goldene Uhr ans Licht! Sie lief sogar noch und zeigte nicht einmal Verstocktheit, als die Jungen sie mit Wurzelbürste und Schmierseife liebevoll einer gründlichen Desinfektion unterzogen.

Ingeborg strahlte vor Freude. Das Schluchzen, das sich hin und wieder in ihr Lachen mischte, war vielleicht nur der Ausdruck ihrer Ohnmacht, den Jungen den rechten Dank für die wiedergefundene Krone abstatten zu können.

Ich strahlte auch, wenn auch nur den hartnäckigsten Geruch aus, mit dem die Unterwelt sich an mir für meinen unerwünschten Besuch in ihrer dunklen Tiefe grausam rächte. Denn trotz heißer Bäder, trotz Seife und Parfüms wahrten die Kinder noch Tage danach um den Besucher des anrüchigen Ortes der Finsternis den gebührenden Abstand.

Der Dorfschmied

Die Häuser meines Schuldorfes hocken allesamt in einem wohlweisen, respektablen Abstand von der Straße. Nicht, daß sie sich dem spärlichen Getriebe, das da auf- und abknarrt oder einhertrottet, ganz entziehen wollen und sich aus lauter Eigenbrötlerei weiter landeinwärts geschlagen haben. Es ist nur ein knapper Steinwurf von der Fahrbahn her bis zu ihren Fachwerkfassaden oder dem Bruchsteingemäuer, immerhin weit genug, um in der ruhigen Gelassenheit ihres Alters mit einem Auge dahinzudämmern und mit dem anderen die Dorfstraße, die Pulsader dieses Fleckens, im Blick zu behalten, mehr der Neugier als der Vorsicht halber.

Wohl aus Gründen der Geborgenheit haben die Urahnen zwischen Haus und Trasse ein paar Bäume gepflanzt. Einige setzten, vielleicht im einfältigen Vertrauen auf ein eigenes biblisches Alter, Eichen auf den Hof, die nach Jahrhunderten Haus und Scheune mit ihrem breiten Geäst wie unter schützende Fittiche nahmen. Kleinere Leute dachten, als sie die Pflanzlöcher gruben, an schnelle Erträge und pflockten junge Apfelbäume an. Dort legen sich seither zur Blütezeit lauter zartrosige Tupfer um die Katen; im späten Sommer leuchten die rotbackigen Früchte aus dem Laub und verheißen duftende Bratäpfel, wenn der Winter den Schnee auf das kahle Gezweig schütten wird.

Gleichwie, Eichen und Apfelbäume sind so etwas wie imaginäre Wächter zwischen Haus und Dorfstraße, und wo durch Axt oder Sturm die Geborgenheit entschwunden ist, hat man flugs zwischen Stall und Weg eine breite Dunggrube aus roten Ziegeln errichtet, in der sich der Stallmist klafterhoch stapelt und unliebsame Leute, die sich sowieso im ständigen Naserümpfen gefallen, von Haus und Hof fernhält.

So sah es damals in meinem Schuldorf aus: die Straße schlängelte sich dahin, holprig und zerfahren, etwas eng die Trasse, aber weil die Bauernhäuser allesamt ein wenig zurückgezogen dahockten, atmete sie doch eine gewisse Breite und Weite.

Eine einzige Ausnahme nur machte die Schmiede. Die hatte sich bis unmittelbar an die Fahrbahn vorgedrängt, ein rußiger Fleck inmitten des in lauter Grün gebetteten Dorfes. Vielleicht wollte sie sich wichtig tun und jeden Vorüberkommenden daran erinnern, daß ohne die Schmiede das geschäftige Treiben im Dorfe in absehbarer Zeit erlahmen würde. Ein Sprung der eisernen Radreifen, der Verlust eines Achsringes, ein abgenutztes Hufeisen, ja selbst ein Bruch der Kupplung moderner Traktoren – wären das Schmiedefeuer nicht oder das Schweißgerät, die Tätigkeit der Landleute würde sich alsbald in die primitive Handhabung frühzeitlicher Holzpflugscharen zurückentwickeln.

Oh, der Schmied ist schon ein begehrter und geachteter Mann im Dorfe. Begehrt, weil er beim Achsbruch mitten in der Ernte als Nothelfer in aller Eile zur Stelle sein muß, und geachtet, wenn man bedenkt, wie er, die speckige Mütze in den Nacken geschoben und auf seinem riesigen Daumen kauend, für eine Weile einen durcheinandergeratenen Mechanismus in schweigendem Beschauen überdenkt und dann plötzlich im Dunkel der Schmiede verschwindet. Wenn er nun mit allerlei Werkzeug unterm Arm zurückkehrt, dauert es gewöhnlich nur wieder eine kleine Weile, bis er Räderwerk und Federn, Hebel und Gestänge ins rechte Gefüge gebracht hat. Ein paar Tropfen Öl in das ganze stählerne Gewirr, ein Ruck an der

Kurbel oder auch nur ein Knopfdruck – und das Getriebe arbeitet wieder in altgewohnter Weise.

Warum ich das alles in solcher Breite erzähle? Ach, meine Besuche in der Dorfschmiede gehören zu den schönsten Erinnerungen, die ich später mitnahm, als es mich in die Stadt verschlug. Wie oft bin ich in freien Stunden, meinen kleinen Buben an der Hand, über einsame Feldwege durch wogende Ährenfelder und roten Klee gewandert, und fast immer hatte ich einen Grund, einen Umweg vorbei an der Schmiede zu machen. Schon von weitem sahen wir, wie der weiße Rauch sich aus der Esse kräuselte und seinen Weg durch das Blätterdach der Ulmen himmelwärts suchte. Und dann gesellte sich das Pinkepank dazu, das alte Amboßlied, und bald schlug uns der beißende Geruch des gelblich qualmenden Hufhorns in die Nasen, wenn ein Gaul beschlagen wurde.

War der Bauer mit seinem Tier davongezogen, ließ sich der Schmied, schweißverklebt und schmutzig, ein Weilchen auf der Hausbank nieder und winkte mich an seine Seite. Mein Bube kramte derweil in dem Haufen Alteisen herum und ließ lauter rostigen Kram in seine Taschen verschwinden, unnütz für unsereins, von Lebensbedeutung aber für einen Jungen, der die Welt mit solcherlei Dingen aus den Angeln zu heben gedenkt.

Es saß sich schön auf der Bank neben der Schmiede. Drinnen im geheimnisvollen Dunkel glimmte das Feuer, um die Konturen des Amboß zog leichter Rauchschwaden, und hinter uns, am Gartenzaun, blühten in üppiger Fülle die Bauernblumen, Dahlien und Stockrosen, und der starke Duft der Reseda vertrieb den letzten beißenden Geruch des verbrannten Horns.

So schweigsam der Schmied sein Tagwerk verrichtete, so gesprächig wurde er, wenn er zur kurzen Rast oder nach Feierabend sein Pfeifchen stopfte und zum Mitverweilen auf der rauhen Bretterbank einlud. Manchmal schien er den Leuten ein Grobian zu sein, ein Kinderschreck überdies, wenn er einem vorübergehenden Jungen zurief: „He, komm mal rüber, ich schlag dir ein paar Hufeisen unter die Füße!" Der Angesprochene nahm dann im ersten Schrecken reißaus, um aber nach einer Weile zurückzukehren und sogar freiwillig den Blasebalg zu ziehen. Denn, genauer betrachtet, hatte der Schmied ein Herz für die Kinder, die sich, ohne einen Pfennig zu zahlen, immerzu die Hosentaschen mit allerlei Eisenabfällen vollstopfen durften.

Und was den Grobian anbetrifft, so soll das kein falscher Strich an seinem sonst so freundlichen Bilde sein, bewahre! Nur wenn er sinnierend vor einer in ihrem Lauf gestörten Maschine stand, konnte er aus der Haut fahren, wenn ihm jemand dumme Fragen stellte oder noch dümmere Ratschläge erteilte. „Halt's Maul!", rief er barsch, „hast keine Ahnung, Kerl!", und der also Düpierte zog schleunigst den Kopf ein und trollte sich davon.

Nicht selten zeigte sich beim Schmied der Schelm im Nakken, und das war vielleicht das Ausgeprägteste an ihm. Er konnte jedem, der vorüberging, einen Bären aufbinden, einen ausgewachsenen, das mußte jeder Genarrte zugeben, der eine gute Wegstrecke daran zu tragen hatte, ehe er recht bemerkte, wie ihm geschehen war. Alle seine Schelmereien heckte er aus, ohne eine Miene zu verziehen – wer fand sich da zwischen Wahrheit und faustdickem Geflunker zurecht?

Aber heute schien der Meister so seine Sorgen zu haben. Er zog ein griesgrämiges Gesicht und rief zum Lehrjungen hinüber, der gelangweilt am Schraubstock lehnte: „Mach dich heim, es ist Feierabend für heute!" Der Lehrling schwang sich auf sein Fahrrad und fuhr die Dorfstraße hinunter.

Der mache ihm Kummer, bedeutete der Meister mir, indem er mit dem Daumen ein paarmal über die Schulter in die Richtung des entschwindenden Lehrjungen stieß. Es sei gut, daß er mit dem Herrn Lehrer mal über den Burschen sprechen könne. „Nur zu", sagte ich, „wo drückt der Schuh? Arbeitet er nicht fleißig genug?"

Das könne man nicht einmal sagen, gab der Schmied zurück, am Fleiß liege es wohl nicht. Und was man ihm in die Hand gebe, das packe er auch geschickt an.

Der Meister schob seine Kappe noch tiefer in den Nacken zurück und zündete sich die Pfeife neu an. Seine Miene wurde um einen Schatten finsterer: „Der Junge hat seine Schrullen, Herr Lehrer, um es geradeheraus zu sagen, vielleicht sogar einen unheilbaren Tick!"

„Dann liegt die Ursache seines Versagens wohl im psychologischen Bereich", warf ich ein und erbaute mich an meiner gescheiten Diagnose.

Der Schmied indes schüttelte bekümmert den Kopf. „Ihr studierten Herren kommt da gleich mit klugen Dingen heraus, von denen unsereins nichts versteht. Nein, nein, Herr Lehrer, die Sache ist weit schwieriger! Der Junge hat erst vor ein paar Wochen seine Lehrzeit angetreten, und nun rückt er mir jeden Morgen auf den Leib, er müsse unbedingt erst einmal Urlaub machen . . ."

„Ein seltsames Verhalten in der Tat", sagte ich und gedachte, trotz des Hiebes von eben gegen meine Gescheitheit weiterhin auf dem theoretischen Geleise zu bleiben. Vielleicht helfe da eine arbeitstherapeutische Behandlung? Die moderne Medizin habe doch in letzter Zeit . . . „Nix da moderne Medizin und so", unterbrach er meinen gelehrten Sermon, „da hilft nur eins: Ich habe dem Burschen ein paar hinter die Löffel gehauen!"

Hm, ein schwieriger Fall, dachte ich und wußte nun auch keinen Rat mehr. Zwischen der schweren Kunst, mit Geduld kranke Seelen zu heilen, und der von Meistern solchen Schlages landläufig angewandten Roßkur klafft ein unüberbrückbarer Spalt. Vorsichtig wagte ich zu fragen, ob die Nackenschläge dem Lehrjungen denn die Flausen aus dem Kopfe getrieben hätten.

„Eben nicht!", kam es ganz kleinlaut heraus. Der Schmied lehnte sich zurück, blies blaue Wölkchen in die Luft und verfiel in Schweigen. Ich hatte das Gefühl, nun wieder etwas sagen zu müssen. Ob er denn schon mit dem Vater des Jungen einmal ein offenes Wort gesprochen hätte? Als Schulmeister wisse ich sehr wohl, wie wichtig Zusammengehen mit dem Elternhaus sei.

„Hab ich getan, Herr Lehrer, hab ich getan!" In die Falten des Gesichts nistete sich allertiefste Hoffnungslosigkeit ein. Der Mann im schmutzig-blauen Kittel neben mir tat mir in der Seele leid.

„Und was hat der Vater gesagt", fragte ich nach einer Weile, „hat er eine plausible Erklärung für die Grillen seines Sohnes?" Lange sah der Schmied in seiner Trostlosigkeit vor sich hin, ehe er nach einem langen Zug aus seiner Pfeife den Mund auftat. „Ein hoffnungsloser Fall, hat der Alte gesagt, da sei wohl nichts mehr zu ändern an dem ständigen Verlangen nach Urlaub, leider, leider. Der Junge habe nämlich in seiner Kindheit einmal einen schweren Unfall gehabt und eine Blutübertragung hinnehmen müssen."

„Aber das ist doch nichts Außergewöhnliches, Meister", rief ich erstaunt, „das kommt heute alle Tage vor . . .!"

„Stimmt!" sagte der Schmied, und aus seiner Stimme wich mit einem mal aller Kummer. „Das Fatale ist nur", fuhr er fort,

„und das erklärt auch seinen Spleen mit dem Urlaub: Das Blut, das man ihm übertrug, stammte ja von einem – Lehrer!!"

Ehe ich recht begriff, wie sehr mich der Kerl zum Narren gehalten hatte, erscholl aus dem Fenster des Schmiedehauses ein unbändiges Gelächter. Ich drehte mich um und sah zwischen den Geranienstöcken auf dem Fensterbrett die drei Bubengesichter des Schmieds, die zu mir in die Schule gingen. Teufel auch, das war eine Blamage, und als ich mich wieder dem Meister zuwenden und ihm einige freundliche Worte sagen wollte, war dieser spurlos verschwunden. Erst als ich meinen Buben an die Hand nahm und schulwärts schritt, sah ich sein grinsendes Gesicht durch ein ausgeschnittenes Herz, das hinten im Hofe die Tür eines winzigen Häuschens zierte.

Das verschleierte Bildnis

‚Hochverehrtes Brautpaar', werde ich meine Hochzeitsansprache beginnen, ‚es ist für mich eine große Ehre, im Auftrag und namens des ehrbaren Gemeinderats reiche Segenswünsche für Euren von nun an gemeinsamen Lebensweg überbringen zu dürfen!' Im Überschwang der Empfindung fließt mir die Festrede bei einer Flasche Wein wie von selbst aus der Feder, Zeile um Zeile, und der erste Bogen ist bald gefüllt, ein rhetorisches Meisterstück, so scheint's mir. Und dann werde ich auf die Liebe zu sprechen kommen, es geht ja nicht derohne an diesem Tag, und die Liebe – da hab ich's schon im Griff – ist sie nicht wie ein naturgewachsener Diamant, der immer wieder kleiner, behutsamer Sprengungen bedarf, damit sein Wert wachse und das Funkeln des Kristalls im Glanze des Glücks beständig zunehme? Die Hochzeitsgesellschaft wird in Verzückung geraten und der Hochzeiter selbst, der Müller, wird meine Ansprache zeitlebens nicht vergessen und in Zukunft nicht so genau nach der Waage schielen, wenn ich um Kleie und Mais für meine Hühner in die Mühle komme.

Und zu guter Letzt werde ich dem Brautpaar ein Bild überreichen, im Auftrage und namens des Gemeinderats natürlich, doch weil ich, was die Bildende Kunst betrifft, zugegebenermaßen ein enfant terrible bin, das seine Freunde schon einige Male in Verlegenheit setzte, werde ich mich mit der ausgefeiltesten Rhetorik aus der Schlinge ziehen. Ein wenig geblümt und hochtrabend dahergeredet, und dann wird der Beifall des geladenen Volkes aufbrausen, anhaltend und anerkennend: Ja, wenn wir unseren Herrn Lehrer nicht hätten ...

Anderntags aber, als der Weingeist verflogen ist und ich mir das Geschreibsel der Nacht noch einmal in Nüchternheit durchlese, befallen mich Zweifel ob meiner Redekunst. Eine große Ehre für mich ... – schon die hochfahrenden Phrasen zu Beginn der Ansprache fallen mir selbst auf die Nerven. Das schwankt ja alles zwischen Schwülstigkeit und Gequältheit, und wo bleibt da der leise, hintergründige Humor, den mir meine Gäste in abendlichen Unterhaltungen gern nachsagen?

Und dann das Gleichnis von dem naturgewachsenen Diamanten – ach, der helle Tag entlarvt mich gnadenlos als Plagiator! Vielleicht ist es der Geist des Weines gewesen, der aus dem Unterbewußtsein das Bild des ungeschliffenen Diamanten hob, das Binding einst in seiner genialen Traurede für Anton und Lux gemalt hat. In meinem nächtlichen Konzept ist es nur dilettantisch nachgezeichnet, das muß ich mir zu meiner Unehre eingestehen.

Auch die Worte, die ich zur Überreichung des Gemäldes wohlgesetzt geglaubt habe, sind, bei Licht besehen, hohl und taub. Nicht nur das: Der Müller, fällt mir ein, ist ein Mann von Kultur, der nicht nur Kleie von Mehl, sondern auch Tand von Kunst zu unterscheiden weiß und meine Verstiegenheit schnell durchschauen wird. Die Bilder an seinen Wänden sind keines Kunstraubes wert, aber von gediegener Art, alte Holzschnitte zumeist, deftig und kräftig gezeichnet, als habe eine schwere Bauernhand den Stichel geführt. Es hat ja hierzulande Zeiten gegeben, da das Gesinde an den langen Winterabenden in den Leutestuben beisammensaß und sich in allerlei Künsten versuchte. Das waren sicher keine großen Meister, die da schnitzten und stachen, aber was sie mitunter zuwege brachten, war dennoch von einer beachtlichen Kunstfertigkeit, man sieht es ja heute noch in mancher Bauernstube. Eben weil sie mit fröhlichem Eifer und frommer Besessenheit am Werke waren, weil offensichtlich schwere Hände mit Messer und Nadel nur das vollführten, was ihnen aus der Tiefe des Innern eingegeben wurde, in das noch kein Falsch vorgedrungen war, so sind alle diese Dinge von einer schlichten Wahrheit, fernab aller Scharlatanerie und gewerblicher Hintergründigkeit, mit denen heutzutage ohne viel Federlesen manches Machwerk von der Gloriole der Kunst umgeben wird.

Der Müller hat einen scharfen Sinn und ein rechtes Auge für die überkommene Bauernkunst, und wo auch immer dieser und jener aus reinem Unverstand sich mit der schlichten Kunstfertigkeit früherer Geschlechter nicht mehr abfinden will, legt er sich gleich ins Zeug und holt es in seine Stuben, oft für einen Apfel und ein Ei, manchmal auch nur durch schnellen Zugriff vor den Flammen des Scheiterhaufens, den die Blindheit unserer Tage entzündet hat.

Ich bin ob des gemeinderätlichen Einfalls, den kunstverständigen Bräutigam mit einem weiteren Kunstwerk zu überraschen, sehr angetan, und insgeheim leiste ich den ehrwürdigen Herren im Rat, den man boshafterweise im Dorfe ‚Vereinigte Kalkwerke' nennt, stille Abbitte für manche Verwünschung und Kritik an ihren rätselhaften Entschlüssen. Immerhin beflügelt die hochweise Idee der Dorfältesten meinen Willen, eine entsprechend kunstfertige Rede zu halten. Zwar purzeln, wie so oft bei mir, die fixen Ideen im ersten Anlauf wie bunte Murmelsteine durcheinander, und der Papierkorb füllt sich schnell mit verworfenen Bögen. Aber dann hab ich's plötzlich, als ich einem vorübereilenden Gedanken behende nachsetze und ihn zwinge, einen Augenblick zu verweilen und sich von allen Seiten betrachten zu lassen. Und ehe er entschlüpfen kann, habe ich ihn schon aufs Papier gebannt, wende ihn um und um, bis eine Seite gefüllt ist, und dann überfliege ich wohlgefällig den Schrieb und stelle schließlich fest: welch ein Kunstwerk, diese Rede! Es ist ja schon die reine Kunst, eine gute Rede zu halten. Aber über Kunst zu reden, ist dann, logisch betrachtet, eine Kunst – Kunst, die weiß Gott nicht jeder Sterbliche beherrscht. Diese Rede, das fühle ich, wird in die Annalen meines Schuldorfes eingehen, und wenn ich dann zum Schluß in aufdringlicher Bescheidenheit mit dem weisen Renan ausrufe, daß in der Kunst das Reden nichts, das Tun hingegen alles sei, und wenn ich mit dieser Sentenz klugerweise den Augenblick einleite, das Bild zu überreichen, dann gebe Gott, daß sich die allgemeine Erschütterung wenigstens beim Festredner in solchen Grenzen hält, daß das Kunstwerk noch unversehrt über die Festtafel hinweg in die Hände des Brautpaares gelangt!

Am Hochzeitstag ist das halbe Dorf in der Mühle versammelt. Der Müller hat sich nicht lumpen lassen, das große Kornlager ausgeräumt und lange Tische aufgestellt. Er hat ja auch mit jedermann zu tun: mit den Bauern, die ihm nach dem Drusch das Korn bringen, mit den kleineren Leuten, die Weizen und Mais für ihre Hühner bei ihm kaufen, und auch mit den noch geringeren, die ab und an um eine Handvoll Mehl betteln kommen.

Der Herr Lehrer hat seinen Platz ganz in der Nähe des Brautpaares bekommen, eine hohe Ehre für ihn, wenn man bedenkt, daß der Müller ja noch keine Kinder zu ihm in die Schule schickt und elterliches Gunstwerben am Hochzeitstage denn doch verfrüht wäre. Auf der anderen Seite der Hochzeiter sitzt der Herr Pastor, und der klopft auch gleich an sein Glas, damit er seine Glückwünsche los wird und sich mehr auf die Leckerbissen konzentrieren kann.

Alsbald danach kommt der Bürgermeister zu mir und schiebt mir heimlich das in ein Tuch gehüllte Gemälde zu. Ich möchte gerne einen Blick auf das verschleierte Bildnis werfen, damit ich vielleicht noch einen markanten Satz über das Motiv in meine Rede einflechten kann. Aber der Vorsteher befürchtet, daß noch andere Blicke auf das Kunstwerk fallen und die Überraschung vorwegnehmen könnten. „Auch gut!", sage ich und erhebe mich im Bewußtsein, daß meine große Stunde nun gekommen ist. Die erste Erregung ist schnell verflogen, ich habe meine Stimme bald in der Gewalt, das spüre ich und erbaue mich an dem sonoren Klang, der von den dicken Wänden des Kornlagers zurückweht. Ich fühle hundert ernste Augenpaare auf mich gerichtet, und als es mir gelingt, eine humorige Wendung anzubringen, sehe ich mit Genugtuung ein Lächeln über die hundert Gesichter huschen.

Meine Rede fließt dahin, und die Worte reihen sich ohne Stocken aneinander wie eine ebenmäßige Perlenschnur. Unwillkürlich fällt mir in den Sinn, mich beim Kapitel über die Liebe vorsichtshalber etwas kürzer zu fassen; denn als von ihrer Unverbrüchlichkeit und ewigen Dauer die Rede ist, bemerke ich, wie manche Ehemänner ihren Kopf tiefer zwischen die Schultern ziehen.

Dafür ist denn mehr Zeit und Raum gegeben für meine Hymne an die Kunst, die eingezogenen Köpfe tauchen auch gleich wieder auf und spitzen die Ohren. Meine Ansprache wird zu einem flammenden Aufruf, dem Schund in den alten Bauernstuben zu begegnen und dem Echten, Wahren wieder Einlaß zu gewähren. Ein wohlweiser Gemeinderat habe sich entschlossen, mit gutem Beispiel voranzugehen und dem kunstverständigen Hause ein weiteres Werk, dessen Wert ich nicht bezweifele, zum Hochzeitsgeschenk zu machen ...

Ich nehme das Bild behutsam auf, der Schleier fällt – am liebsten wäre ich gleich mitgefallen, durch den Boden des Kornlagers bis in den tiefsten Keller der Mühle, gleich, wie ich auch beim Aufschlag zugerichtet sein würde. Denn meine seelische Hinrichtung ist im Augenblick des sich entschleiernden Bildnisses vollzogen. Ich halte einen Elfenreigen in meinen

Händen, schillernd bunt, so widerlich kitschig, so fern allem künstlerischen Empfinden, daß ich keines Wortes mehr fähig bin. Es ist eines von jenen rührseligen Druck-Erzeugnissen, die gerissene Händler dümmlichen Käufern von Schlafzimmereinrichtungen statt eines Rabattes mit großzügiger Geste in die Hände drücken, mit einer rückseitig aufgeklebten freundlichen Widmung des Geschäftshauses an seine verehrte Kundschaft.

Was hilft es mir, daß da in den Tischreihen der Beifall des Unverstandes geklatscht wird! Es tröstet mich auch wenig, daß der Müller meine Betroffenheit gleich erkennt und mir verständnisvoll zulächelt. Aber dann hat das Schicksal doch noch ein Einsehen und reicht mir hilfreich die Hand. Als ich nämlich das Bildnis mit vor Scham zitternden Händen über die Hochzeitstafel dem Brautpaar überreichen will, löst sich der Rahmen an allen vier Ecken zugleich, außer am guten Geschmack hat man wohl auch am Leim gespart, und das Glas fällt auf den Tisch, zerspringt, und die Elfen müssen mit ihren nackten Füßen in lauter Scherben tanzen.

Peinliches Entsetzen bei den wohlachtbaren Herren vom Gemeinderat, wie eine Erlösung aus tiefster Schande bei mir, und der Müller, der einen Teil des Rahmens in seinen Händen hält, erfaßt schnell die Situation und ruft lachend in den Raum: „Freunde, das Bild fällt aus dem Rahmen; aber trotz allem: Scherben bringen Glück!" Weise Worte eines weisen Mannes, tröstlich für mich, der so unweise war, ein verschleiertes Bildnis ungesehen an den Mann zu bringen.

Die alten Bänke

Ich gebe es ja unumwunden zu: Mich packte, als die ersten Jahre ins Land gegangen waren und der Boden unter meinen Füßen langsam fester wurde, eine unbezähmbare Neuerungssucht. Ich riß die alten Bilder von den Wänden und schleppte andere herbei, keine schöneren, aber eben neue. Die in vielen Jahrzehnten erprobte Wandtafel gefiel mir plötzlich nicht mehr, eine andere mußte her, die sich allerdings bald recht wasserscheu gebärdete. Wenn die Mädchen ihr mit dem nassen Schwamm zu Leibe rückten, bekam sie eine Gänsehaut und legte schließlich beleidigt ihr schwarzes Äußeres so in Falten, daß ich kleinlaut die alte vom Schulboden holen mußte.

Und eines Tages blickte ich mit Unbehagen auf die uralten Schulbänke herab, die zwei- und viersitzigen, hintereinandergereiht und engbrüstig wie Pferche, in die sich die jungen Leiber hineinzwängten. Neue müssen herbei, sagte ich mir, Tische und vor allem Stühle zum Drehen, damit dem jungen Körper nicht zugemutet werden muß, sich gleich einer Spirale zu winden, wenn die Stimme des Lehrers einmal aus einem anderen Winkel des Schulzimmers kommt.

Es war gewiß kein falscher Ehrgeiz, der mich zu solcher Reformerei trieb, denn der ging mir zum Leidwesen meiner Eltern und Lehrer schon in der Jugend ab. Vielleicht war es nur des Ehrgeizes gezierte Schwester, die Eitelkeit, die mich reizte, all das neumodische Zeug in meine Schule zu holen.

Und dann erstand ich auch bald dank meines jugendlichen Feuereifers beim Förster eine dicke, ebenmäßig gewachsene Buche. Eine ganze lange Nacht mußte ich mir mit dem Grünrock beim Trinken um die Ohren schlagen, ehe er mir im Morgengrauen diesen prächtigen Stamm schenkte. Das neue Gestühl durfte ja die Gemeinde nichts kosten, der Bürgermeister würde mich für einen Narren gehalten haben, wenn ich ihm mein Anliegen vorgetragen hätte. Generationen haben da auf den alten Bänken gehockt und sind nicht zuschanden geworden, hätte er mich wissen lassen, und nun kommt solch ein Schulmeister daher und verlangt Geld für vollkommen überflüssigen Kram! Nein, nein, mein Spleen hätte der Kritik seiner praktischen Vernunft nie und nimmer standgehalten.

Immerhin war er bereit, den Buchenstamm in die Sägemühle und die geschnittenen Bretter später in die Stadt zu schaffen.

Der Fabrikant machte Stielaugen, als er die Unmenge von Bohlen sah, viel zu viel für die Ausrüstung einer kleinen Landschule, und er versprach auch gleich, alles Gestühl kostenlos zu liefern, falls ich ihm das übrige wertvolle Holz überlassen würde. Wir wurden schnell einig. So gelangten, ohne daß der Bürgermeister auch nur einen Pfennig aus seinem Gemeindesäckel kramen mußte, neue Tische und Stühle in meine Schule, glänzend vor Lack, in dem sich meine Eitelkeit widerspiegelte, so oft ich mich über die Kinder hinabbeugte.

Die alten Bänke verschwanden auf dem Schulboden. Da standen sie nun herum, die abgeschabten Veteranen, zu ihrem Trost in der angestammten Ordnung, akkurat in Reih und Glied.

Später freilich wurden sie für einen Schleuderpreis in alle Winde verkauft: als Brennholz oder mit ihren festen Brettern zum Ausbessern eines aus den Fugen geratenen Schuppens. Die eine oder andere Bank gelangte sogar, ihres Schreibpultes entledigt, unter den Apfelbaum eines Kottens nahe der Hoftür, und darauf ließen sich dann in der Abenddämmerung die Alten nieder, der Großvater oder gar die Urahne, ohne sich bewußt zu werden, daß sie selbst schon mit ihren in der Unruhe der Jugend hin- und herrutschenden Hinterteilen die Sitzflächen für spätere Tage glattgescheuert hatten ...

Jedesmal, wenn ein solcher Veteran vom Boden geschleppt und auf eine Karre geladen wurde, hatte ich das Verlangen, noch einmal mit der Hand zärtlich über seine zerfurchte Schreibfläche zu streicheln, so als wollte ich Abbitte tun für meine geringe Ehrfurcht und Lieblosigkeit gegenüber dem Ausgedienten. Zwar hatte sich der Staub überall dick eingenistet, aber er vermochte nicht all die Handschriften zu verbergen, die Generationen mit Taschenmessern, Nägeln oder Schreibfedern dort eingeritzt hatten. Die Träume der Mädchen freilich waren in den alten Bänken nicht verewigt, denn die dachten in ihrer Bravheit weniger an derlei Unfug, und zudem gehörten schon stärkere Fäuste dazu, dem Hartholz mit allerlei spitzem Gerät zu Leibe zu rücken.

So waren denn die Nöte der großen Jungen in die zolldikken Buchenbohlen gekerbt. O ja, es war wohl oft eine arge Not im Spiel, im Ganzen betrachtet, wie mir denn die Erinnerung an meine eigene Schulzeit im nachhinein noch die Angst in den Nacken treibt, wenn mir die Jugend in nächtlichen Träumen wiederkehrt.

Einer hatte in seiner Schwerenot längs der Federrille, vom Griffelkasten listig zu verdecken, das Einmaleins eingeritzt, das Kleine wie das Große. Es muß eine mühsame Arbeit von vielen Wochen gewesen sein, die Ergebnisse an den Fingern auszurechnen und sie in winzigen Zahlen zu Holze zu bringen. Hätte er sich daheim ein paar Stunden auf den gleichen Hosenboden gesetzt, der damals seinen rückwärtigen Körperteil von der Sitzbank trennte – weiß Gott, er hätte die paar Zahlenreihen bald im Kopfe gehabt. Aber vielleicht war sein Gedächtnis von geringer Kraft, und er hatte um dessentwillen schon den Rohrstock auf seinem Rücken spüren müssen. Immerhin brachte sein schwacher Verstand noch so viel Schläue auf, an der es den Verständigeren zuweilen mangelt: er zog die Konsequenzen.

Eines guten Tages muß nun das Werk des dummen August vollendet gewesen sein und der Lehrer die gedächtnisfördernde Wirkung des Rohres bestätigt gefunden haben. Vielleicht hat er sogar in schulmeisterlicher Überheblichkeit Augustini Erweckung seiner eigenen Tüchtigkeit zugute gerechnet, wie denn kaum ein anderer Beruf von Eigentäuschungen so überschattet ist wie der des Erziehers.

Ich malte mir auch aus, wie einstens ein Nachfolgekampf um diesen Platz entbrannte, den ein gerissener Dummkopf zu seinem Vorteil hergerichtet hatte, seinem Hinterteil zuliebe.

Der Banknachbar wiederum muß mit dem Rechtschreiben seine liebe Not gehabt haben, denn er hatte da allerlei Eselsbrücken eingraviert, die ihn sicher über den Abgrund der Unwissenheit führen sollten. Weil, wie ein altes Sprichwort sagt, Not Künste lehrt, hat er sich eben in der Schnitzkunst versucht und seine Runen tief in das Holz geschnitten. „Noth lehrt beten" steht da zu lesen; der junge Schnitzer muß durch seine Unvollkommenheit sogar ein frommer Mensch geworden sein.

Als ein Bauer die Bank auf seine Sturzkarre lud, standen die Kinder dabei und kicherten. „Hi hi hi, auf der Bank muß aber ein Dummkopf gesessen haben, der Not mit ‚th' schreibt!"

Aber das Kichern verstummte gleich, als ich erklärte, daß das wirklich einmal die Schreibweise gewesen sei, vor mehr als einem halben Jahrhundert sogar. Damals habe eine kluge Kommission den Vorschlag gemacht, die Schriftbilder von mancherlei unnützen Schnörkeln zu befreien. So sei auch das ‚th' aus vielen Wörtern verschwunden, nur der Kaiser habe sich ausgebeten, daß ‚am Thron nicht gerüttelt werden dürfe'.

So jedenfalls wird's erzählt, und vielleicht ist an diesem Doppelsinnigen etwas Wahres (denn ‚Thron' wird ja heute noch mit ‚th' geschrieben).

Das alles leuchtete den Kindern wohl ein und auch, daß Sprache und Schrift einem stetigen Wandel unterworfen sind.

Ein andermal schleppte der Tagelöhner gleich zwei Bänke vom Schulboden. Er hatte einen Trupp Kinder daheim, die meisten kamen zu mir in die Schule, und da war denn immer ein heftiger Kampf in seinem Haus um die wenigen Plätze für die Schularbeiten. Dem sollte nun abgeholfen werden, und der Tagelöhner wollte die Bänke in die Stube stellen, damit jedes seinen Platz hatte.

Ich half dem guten Mann beim Aufstellen, als er plötzlich innehielt, die Bank wieder absetzte und laut zu lachen begann. „Das ist einmal mein Platz gewesen, Herr Lehrer!", rief er, indem er mit dem Finger über die Initialen seines Namens fuhr, die tief in das Schreibpult eingeschnitten waren. „Ein ganzes Jahr bin ich dort gesessen, wahrhaftig, ganz hinten in der Ecke am Fenster!" Wieder lachte der Mann und schüttelte dabei den Kopf, als könnte er's nicht fassen, daß seine Buben ausgerechnet auf ‚seiner' Bank zu sitzen kamen.

„Und die vielen eingeritzten Striche dort – wissen Sie, was die bedeuten? Jedesmal, wenn ich Prügel bezogen hatte, machte ich eine Kerbe in die Bank, vielleicht aus Wut, vielleicht auch, um dem Lehrer später, wenn ich mal groß wäre, heimzuzahlen, was er bei mir da auf dem Kerbholz hatte".

Erneut lachte der Tagelöhner aus vollem Halse, ehe er fortfuhr: „Aber daraus ist nichts geworden, im Gegenteil: ich bin ihm heute dankbar! Denn wir haben viel gelernt bei unserem alten Schulmeister – Gott hab ihn selig – und wenn ich's recht bedenke: Es wäre schade, wenn ein Hieb danebengegangen wäre. Jedenfalls, wir leben alle noch, auch der Ferdinand, der auf dem Platz dort neben mir saß – Sie kennen ihn, Herr Lehrer, diesen seltsamen Kauz, der drüben am Waldrand in seiner Hütte haust . . ."

Freilich kannte ich Ferdinand, diesen schweigsamen Hagestolz, von dem niemand so recht wußte, welche Tätigkeit ihn eigentlich nährte. Hin und wieder erschien er, wenn die Dämmerung seinen Gang vor den anderen verhüllte, an meiner Haustür. Er trug gewöhnlich ein paar komplizierte Bücher unterm Arm, Sigmund Freud etwa oder Carl Gustav Jung, und versuchte, mir Ratschläge zur Behebung von seelischen Störungen zu geben. Aber das war lauter wirres Zeug, reichlich konfus – oder ich verstand zu wenig davon.

Immerhin muß Ferdinand schon als Kind von ganz anderer Art als der Tagelöhner gewesen sein. In seiner Bank war nicht die Zahl der Stockhiebe festgehalten, die er bezogen hatte, denn der friedfertige Ferdinand führte keine Rachegelüste gegen seinen Lehrer im Sinn. Er hatte auch in zurückhaltender Bescheidenheit keine Anfangsbuchstaben seines Namens eingraviert. Nur ein großes Fragezeichen krümmte sich über die ganze Schreibfläche, ein Sinnbild vielleicht seiner endlosen Grübeleien, denen er schon im Kindesalter nachhing.

Ach, die alten Bänke, die nun in alle Winde davongekarrt wurden, glichen schon hölzernen Annalen, in denen die Nöte und Sehnsüchte, die Sorgen und Träume von jungen Generationen eingraviert waren. Komme mir da keiner und sage, die Jugend habe noch keine Kümmernisse, die wüchsen ja erst mit dem Alter heran und grüben beharrlich Falten in die Stirnen! Bei derlei Redensarten schiebt man dann gewöhnlich den Daumen über die Schulter, beispielsweise auf den alten Roggenkamp, dessen einziger Sohn und Anerbe im Felde blieb und den seither der Gram grausam zeichnete. Oder auch auf den Mühlknecht, der wiederum einen Sohn zu viel zählte, weil er nach dem Schützenfest partout nicht mit seiner hageren Frau hatte heimgehen wollen und stattdessen einer prallen Dirn nachgestiegen war. Gewiß, ein heulendes Elend das alles, Heimsuchung oder Unsegen, begleitet vom Bedauern oder Gespött des Dorfes, beides gleichermaßen widerlich.

Die Kümmernisse der Kinder hingegen sind nicht von langlebiger und nachhaltiger Art. Dafür fallen sie um so heftiger über die jungen Seelen herein wie ein Hagelschlag über sprießende Weizenhalme. Die Qual des Augenblicks ist bei Kindern um vieles größer und läßt gleich die Tränen aus den Augen schießen, weil sie in ihrem Herzeleid Gott, die Welt und den Lehrer nicht mehr verstehen. Spürt ihr Großen denn nicht, daß sie den grenzenlos schmerzlichen Augenblick in ihrer Unerfahrenheit für eine Ewigkeit halten und diese Ewigkeit in das Holz der Bank kerben – für alle Zeiten ist da von ihrem Kummer zu lesen, obwohl ein freundliches, verzeihendes Wort schnell wieder ein Lächeln unter die Tränen mischen würde.

Wenn ich heutzutage durch mein altes Schuldorf gehe, laufen mir fremde Kinder um die Beine, die Nachkommen schon von meinen Buben und Mädchen, die einstmals vor mir saßen. Aber hin und wieder treffe ich auf ein altes Bankstück irgendwo unter einem Apfelbaum; das harte Holz hat Wind und Wetter getrotzt, und ich kann gar nicht anders, als einen Augenblick zu verweilen und mit meiner Hand darüberzufahren, um mich einer lieben, längst vergangenen Zeit zu erinnern. Aber – ist nicht die Erinnerung oft nur die letzte Höflichkeit einer verflossenen Liebe?

Der Dorfteich

Er lag nur ein paar Schritte abseits der Dorfstraße, aber doch so ganz beziehungslos zu ihrer ohnehin nur geringen Unrast. Denn rund um das winzige Gewässer hatte sich im Laufe der Jahrhunderte eine Handvoll Hütten postiert, ein Saum aus roten Zigeldächern, sauberem Fachwerk und bemoosten Staketen, dicht genug, um die friedvolle Verträumtheit des Wasserspiegels vor jeglicher Geschäftigkeit abzuschirmen.

Ach, es war ja eigentlich kein blanker Spiegel, kein geschliffenes Kristall, in dem man die scharfen, untrüglichen Konturen seines Ebenbildes hätte suchen können, wenn man sich neugierig über seinen Rand beugte. Schlamm, Algen und unter der Oberfläche schwimmendes Kraut gaben keinen hellen Widerschein, nicht einmal zu seinem Nachteil, das ist wohl wahr; denn was nun an Bildern auf die dunkelgrüne Wasserfläche fiel, gab der Dorfteich in ungemein malerischen, pastellzarten Tönen zurück. Wenn man entlang der weißen Birkenstämme um das Wasser lief, wanderte die gegenüberliegende Kulisse in verhaltenen, samtweichen Farben kaleidoskopartig mit.

Ich bin mit meinen Kindern einige Male an den Dorfteich gezogen, ein jedes mit Zeichenblock und Malkasten unter dem Arm. Dann ließen wir uns gewöhnlich auf einem Grasstreifen unter den blumenüberwucherten Gartenzäunen nieder und begannen, mit Pinsel und Wasserfarben zu hantieren.

Indes, was da von meinen Buben und Mädchen zu Papier gebracht wurde, war nicht die Idylle unseres Dorfteiches, war nicht seine verträumte Poesie, war kein lyrisches Preislied auf den schönsten Flecken ihrer Heimat, wie ich mir das erhofft hatte. Nicht, daß es ihnen an der Technik des Mischens oder des Ineinanderschwimmens der Farben gemangelt hätte – das alles hatten wir in der Schule mit Fleiß geübt. Aber Kinderaugen sehen eine Landschaft anders als Erwachsene. Der zarte Hauch des Lyrischen, der über dem Dorfteich schwebt, ist für sie kaum wahrnehmbar; stattdessen erhebt sich gleich, nachdem sie den Pinsel in die Farben getaucht haben, der kräftigere Wind des Realistischen, schnell entfacht durch ihre uferlose Phantasie, und da ist auch alles Arkadische mit den ersten Strichen bald hinfortgewischt. Drüben humpelt gerade der Kötter Kleeschulte vorüber, frühmorgens ist er auf dem Heimweg kopfüber in den Teich geplumpst, als er nach ausgiebigem Wirtshausbesuch auf dem Heimweg nicht ganz bei Troste war, und das hat sich schnell herumgesprochen, denn zwei Jungen, die gerade auf dem Schulweg waren, haben ihn an den Rockschößen herausgefischt. Als er die malenden Kinder sieht, wittert er nichts Gutes und hinkt schneller davon. Zu spät – die Pinsel haben den Fall schon auf das weiße Papier gebannt, und das Wasser spritzt gleich dabei bis an den blauen Himmel, ein Inferno wie beim Jüngsten Gericht.

Die Enten sind längst an das andere Ufer geflüchtet, sie haben einen Heidenrespekt vor meinen Lausbuben. Es ist ja noch nicht lange her, daß sie ihnen in der Dämmerung unversehens ins Netz gegangen sind. Zwar dauerte ihre Gefangenschaft nur wenige Augenblicke, aber als sie mit schnatterndem Geschimpfe wieder davonflatterten, trugen sie um die Hälse wunderschöne bunte Haarschleifen. Ich selber habe erst gestern davon erfahren, obwohl mir tagsdarauf hätte auffallen müssen, daß die meisten Mädchen ohne die seidenen Bänder an den Zopfenden in der Schule erschienen. Nun aber werden die Enten mit Pinsel und Farbe wieder in den Vordergrund geholt, über alle Dimensionen natürlich, damit die Schleifen auch groß genug werden und dem Herrn Lehrer das Schelmenstück noch einmal unter die Nase gehalten wird, wenn er sich neugierig über die Blätter beugt.

Jetzt tritt drüben der Schuhmacher aus dem Haus. Über seiner rückwärtigen Tür hängt die Dorfglocke, und weil es gerade Mittag ist, wirft er sich in den Strang, um den Angelus zu läuten. Der friedvolle Glockenklang, der nun über den Dorfteich zittert, rührt mich irgendwie an. Den Kindern hingegen geht diese ins Klingen geratene Poesie nicht ein, sie haben ihren Spaß an den Verrenkungen des Glöckners: mal geht er beim Ziehen tief in die Knie, mal reißt ihn der Strang mit einem Ruck in die Höhe, daß er den Boden unter seinen Füßen verliert, es reizt ja auch zum Lachen. Und es reizt vor allem, den Schuster in seinen komischen Posen mit schnellen Strichen aufs Papier zu bringen, unauslöschlich und nicht mehr zu übermalen, denn der Mann trägt heute seinen schwärzesten Kittel.

Als ich hernach den Kindern über die Schulter sehe, ist vom stillen Frieden des Dorfteiches nichts mehr geblieben. Der Sündenfall des betrunkenen Kötters, die aufspritzende Fontäne, das bunte Gewimmel der Haarschleifen vor den Brustfedern der Enten, der am Glockenstrang baumelnde Schuster – das alles hat den Dorfteich in eine absonderliche Szenerie verwandelt.

Verwandelt?

Ach nein, für die Kinder ist das pastellgrüne Wasser ja nicht so malerisch, wie die Augen ihres Lehrers es sehen. Die blanke Fläche dient ihnen nur als Bühne, auf der sie unbekümmert mit Pinsel und Farbe gestalten, was ihnen an täglichen Erlebnissen entlang der Ufer begegnet ist. Ein stiller Junge, der daheim mit Inbrunst seine Fische im Aquarium pflegt und dabei so bettelarm ist, daß er sich beim Krämer kein Fischfutter kaufen kann, weiß, an welcher Stelle die fettesten Wasserflöhe zu finden sind, und da hat er sich auch selber mit dem Pinsel ans Ufer gestellt, das Senknetz in der Hand und das Einmachglas voller Gekrabbel neben sich im Gras. Immerhin ist er gescheit genug, seinen üblichen Standort auf dem Zeichenblatt zu verlegen, nicht des besseren Motivs wegen, sondern um seine Fanggründe den anderen nicht zu verraten.

Aber hier entdecke ich im Vorübergehen etwas höchst Eigenartiges, und ich muß eine Weile entgeistert hinschauen, ehe ich das alles begreife. Einem Mädchen ist es nämlich eingefallen, die ganze Sommersonnenherrlichkeit rings um den Dorfteich mit wenigen Farbstrichen kurzerhand auszulöschen und die Wasserfläche augenblicklich einfrieren zu lassen. Schneeflocken wirbeln, ein Schlitten kommt in sausender Fahrt die schmale Gasse von der Dorfstraße herab und rast auf die Eisfläche zu. Drei Mädchen sitzen darauf.

Als Schulmeister habe ich mich längst daran gewöhnt, daß meine Kinder mit Einfällen kommen, die sich scheinbar im Zeithaften oder Räumlichen verirrt haben. Ihre Gedanken schwirren ja oft daher wie eine Handvoll Stare, die in den Kirschbaum einfallen und schon wieder unter dem blauen Himmel verschwunden sind, ehe man sie so recht wahrgenommen hat. Die Einfälle steigen urplötzlich aus irgendeinem dunklen Winkel des Gedächtnisses wie Wasserblasen aus der Tiefe des Teiches, an dessen Oberfläche sie sich einen Augenblick zu einem verwundert dreinblickenden Auge wölben und dann in ein Nichts zerplatzen.

Aber dieses Mädchen dort malt mit Inbrunst, mein Zuschauen stört es gar nicht. Jede Winzigkeit gewinnt Form und hat ihren unverrückbaren Platz auf dem Papier, gleich einem Siegel muß sich all dies in seinem Kopfe eingeprägt haben. Und das Bild wächst und wächst, ein seltsamer Eifer treibt das Mädchen an. Der Schnee spritzt auf, weil das Schuhwerk sich in die glatte Bahn stemmt, vergeblich, das Gefährt rast unaufhaltsam dahin, und die Angst sitzt den Dreien im Nacken und rast mit auf die Eisfläche zu.

Ohne Zweifel – das alles ist aufregend gestaltet, dramatisch sogar, denn mitten auf der Eisfläche gähnt ein riesengroßes Loch. Gott sein Dank, ein Junge steht am Ufer; er sieht das Unglück kommen. Ich erkenne den Knirps sogleich, es ist ja der Sauli, sein Rotschopf steht wirr und borstig über dem schmalen Sommersprossengesicht. Und da fällt mir auch die Geschichte wieder ein, sie ist schon vor ein paar Jahren geschehen, wirklich und wahrhaftig, und das ganze Dorf sprach davon, und Sauli war mit einem Male der Held vom Dorfteich und trug fortan warme Socken und festes Schuhwerk an seinen krummen Beinen.

Denn Sauli, ein Flüchtlingskind zwar wie viele andere auch, aber in seiner Hilflosigkeit doch zum Gotterbarmen – dieser Sauli also lief bis in den späten Herbst barfüßig einher. Erst als schon der Frost klirrend ins Land fiel, zeigte ein christlicher Bauer Mitleid und schenkte ihm ein Paar ausgediente Holzschuhe, viel zu groß für die kurzen Füße und mehrfach gesplissen und mit Eisenbändern notdürftig zusammengehalten. Aber die Strohbüschel, die man ihm in die Pantinen gesteckt hatte und die hinterwärts wie Sporen herausschauten, hielten immerhin die ärgste Kälte ab. Es währte freilich nicht lange, da geriet der Junge in einen Händel mit seinesgleichen, als sich kindlicher Unverstand über seine Dürftigkeit lustig machte. Sauli, sonst von einer grenzenlosen Friedfertigkeit, riß plötzlich die Holzschuhe von den Füßen und schlug sie in blinder Wut auf die Köpfe seiner Widersacher, daß die Holzsplitter und Eisenreifen wie Kartätschen einherflogen. Die Pantinen waren dahin, und damit nicht nur Saulis armselige Ehre, sondern auch seine ehrsame Armut, das ganze barfüßige Elend, wiederhergestellt.

An jenem Novembertage, als der Schlitten mit den drei Mädchen gaßab auf den Dorfteich zuschoß, stand Sauli am Ufer und schaute frierend dem Treiben zu. Keiner der Rodler forderte ihn zum Mitfahren auf, am allerwenigsten die Mädchen, diese albernen Geschöpfe, obwohl sie doch einen rechten Kerl zum Bremsen hätten brauchen können. Aber trauten sie Saulis bloßen Füßen nichts zu, oder hatten sie Angst, man könne sich zum Dank ein paar Flöhe einhandeln, die sich in Saulis ungeschorenem Rotschopf einquartiert hatten? Dummes Gelichter, derlei Sorgen waren doch unbegründet, denn die winzigen Scheusale dachten im Traum nicht daran, Saulis Schopf zu verlassen, weil ihnen niemals ein Kamm in die Quere kam.

Der Junge stand nun da, an einen Birkenstamm gelehnt, immer nur auf einem Bein, an dessen ausgefranster Hosenröhre er die nackte, kalte Fußsohle des anderen rieb. Indessen erreichte der Schlitten in rascher Fahrt das Ufer des Teiches und glitt dann mit einem dumpfen, schleifenden Geräusch über die dünne Eisfläche. Die drei Mädchen sahen das gähnende Wasserloch auf sich zukommen und ließen sich in ihrer Todesnot seitabwärts vom Schlitten fallen. Allein, nur das führerlose Gefährt brach aus der Fliehkraft des dahinglitschenden Menschenknäuels aus und erreichte das gegenüberliegende Ufer, während die Leiber der Mädchen unaufhaltsam auf das Loch zurutschten. Ein dreistimmiger Aufschrei, ein klirrendes Bersten, ein Aufspritzen des dunklen Wassers – da hingen die Mädchen im eiskalten Loch und klammerten sich mit ihren Fingern an das Eis, das so dünn und zerbrechlich war wie Spiegelglas.

Im Nu waren die übrigen Kinder herbeigelaufen, die Kötter kamen und standen ratlos am Ufer, wer wollte sich in die tödliche Gefahr begeben? Ja, wer?

Einer tat es – Sauli, der kleine Junge mit dem großen Herzen! Er balancierte barfüßig über das schwankende Eis, Schritt für Schritt, und als er nahe genug am Unglücksloch war, legte er sich der Länge nach auf den Bauch, bis er die Hände eines der Mädchen zu fassen bekam. Mit unendlicher Vorsicht zog er es aufs festere Eis, rutschte bäuchlings auf das zweite Kind zu und brachte auf die gleich Manier und mit Todesverachtung schließlich auch das letzte in Sicherheit.

Ich habe mich später oft gefragt, warum der Knirps, der ausgestoßene, gemiedene, verachtete, der in armer Barfüßigkeit seiner Wege ging – warum sich dieser Sauli aufs dunkle Eis wagte, ohne Zögern und scheinbar so furchtlos? War ihm sein bißchen kümmerliches Leben so gleichgültig, daß ihn nur noch die Abgestumpftheit begleitete, als er seine nackten Füße auf den zugefrorenen Teich setzte? Oh, vielleicht saß ihm doch die gleiche gräßliche Furcht im Nacken wie den Umstehenden, vielleicht schlug ihm sein Herz bis zum Halse, als er den schwankenden, eisigen Boden unter seinen Sohlen spürte! Oder trieb ihn eine geheime Macht in die tödliche Gefahr, eine Gewalt, die größer war als der Kleinmut seiner Gefährten oder der umstehenden Kötter und die man getrost ‚die Liebe' nennen könnte?

Der Teich ist heute längst zugeschüttet, kluge Köpfe im Gemeinderat haben dem Dorfe sein schimmerndes Auge genommen. Wozu braucht man auch heute noch einen Wassertümpel? Gewiß, früher, wenn der Rote Hahn auf die Strohdächer sprang, hatte man inmitten der Häuser genügend Wasser zur Hand, um das Ärgste abzuwenden. Heute stehen ja Hydranten an allen Ecken, und die Ledereimer, die einst bei

Feuersbrünsten von Hand zu Hand flogen, sind längst verschimmelt und vermodert.

Und doch fehlt seither dem Dorf etwas, vielleicht sogar ein Stück seiner ländlichen Seele. Fortgewischt ist mit dem Löffel des Baggers der milde Glanz des Wassers, sein tröstlicher Schein, das tausendfältige Leben darin, die friedvolle, unendliche Schönheit zwischen den Ufern.

Ich spüre das jedesmal schmerzlich, wenn ich durch mein altes Schuldorf komme. Dann lasse ich mich wohl um die Abendzeit auf einer halb zerfallenen Bank nieder, die schon zu meinen Tagen am Ufer des Dorfteiches gestanden hat und nun am Rande eines ungepflegten, lehmigen Grundes dahinfault. Die leichten Nebel kriechen aus der Niederung herauf, die feingewobenen Schleier der Dämmerung, und mit ihnen steigen alte Bilder empor, verschüttete Spiegelbilder, anmutig und verträumt, mag auch die wehmütige Erinnerung ihre Rahmen über die Maßen vergolden.

Und dann steht da plötzlich ein Junge am Ufer, dieser krummbeinige, barfüßige Rotschopf, der Sauli. Immer lehnt er dort an der Birke, so wenig aufdringlich wie damals, als das Eis barst, und doch mächtig wie ein Klopfgeist, der beständig an unser fragwürdiges Gewissen pocht, gegen das verhärtete Herz oder die morschen Stellen unserer Menschlichkeit.

Die Fehde

Zu meiner Schulgemeinde gehörten ein Dorf, das vom Schulhaus eine gute Viertelstunde hangaufwärts lag und der Gemeinde ihren Namen gab, sowie mehrere Ortschaften, die sich weiter talwärts zwischen Pflaumen- und Kirschbäumen versteckten und nur ihre ziegelroten Dächer neugierig in die Runde schauen ließen. Die Landschule selbst erhob sich in achtbarer Entfernung von all diesen Ansiedlungen, winkeleinsam und von mannshohen Hecken umgeben.

Zwischen dem Dorf und den Ortschaften bestand seit urdenklichen Zeiten eine heimliche Fehde. Den Grund zu dieser Urfehde fand ich beim Durchblättern alter Schulchroniken, und die Geschichte ist wert genug, als Schwank über jede Dorfbühne zu gehen.

Anfang der achtziger Jahre im vorigen Jahrhundert hatte sich die Gemeinde dazu durchgerungen, die alte, im Fachwerkstil erbaute Schule im Dorfe abzureißen und eine neue zu errichten. Die Dörfler wünschten sie sich an Ort und Stelle der alten, die Bauern aus den übrigen Ortschaften jedoch der Billigkeit halber in den Mittelpunkt der Gemeinde gerückt, damit alle Kinder den nahezu gleich langen Schulweg hätten. Ein Bauer stellte sogar das Grundstück zur Verfügung, kostenlos, versteht sich.

Aber damit begann der Krieg. Es war kein Tauziehen, bei dem eine aus welchen Gründen auch immer stärkere Partei letzten Endes obsiegt und die andere sich in das Unabwendbare fügt, so daß nach einiger Zeit die ganze Angelegenheit vergessen und begraben ward. Hier wurde mit bäuerlicher Zähigkeit und Schläue bis zum letzten gerungen, und das Aufeinanderprallen der Hartschädel ließ sogar die Abgeordneten im preußischen Landtag erschrocken zusammenfahren.

Als diese sich nämlich für den neuen Standort entschieden hatten, erreichte sie wenig später das Triumphgeheul der Dörfler, die Schule habe ja dort kein Wasser! Also erging aus Berlin eine Auflage an die übrigen Ortschaften, binnen einer bestimmten Frist für das erforderliche Naß zu sorgen, sonst ...

Man grub Tag und Nacht, mit Mann und Maus, eine Schinderei zwischen Fluchen und Hoffen. Und siehe da, eines Tages wurde es in schwindelnder Tiefe vor den Füßen der Grabenden feucht, und bald sickerte ein dünnes Rinnsal in den breiten Schacht. Hurra!, schrie die Rechts- und Billigkeitspartei. Gottseidank!, sagten die ehrwürdigen Herren im preußischen Landtag; denn sie hatten Wichtigeres zu tun.

Aber die konservativen Dörfler gaben nicht auf. Sie behaupteten, der Brunnen fördere zu wenig Wasser, womit sie übrigens recht hatten. Gut, dann muß eben eine Kommission her und nachsehen und begutachten.

Man reiste von weither an und nahm den Brunnen in Augenschein. Das Ergebnis war für die Dörfler niederschmetternd. Das tiefe Loch war bis zum Rande mit Wasser gefüllt, als die Kommission sich über den Rand beugte. Weder die beschwerdeführende Partei noch die hohen Herren der Regierung konnten ahnen, daß die übrigen Bauern die ganze Nacht hindurch mit allen verfügbaren Jauchewagen aus Teichen und Tümpeln Wasser herangefahren hatten.

Oder ahnten die Dörfler es doch? Denn sie schlichen anderntags um das Brunnenloch herum, stellten fest, daß das Wasser entsetzlich stank und sein Spiegel von Stunde zu Stunde absank. Also erging eine neue Petition an den Landtag in Berlin, man möge doch die Brühe einmal auf ihre Trinkbarkeit hin untersuchen: es sei schon mit der Nase auszumachen, daß der Brunnen mehr Jauche als Wasser enthalte.

Aber die Herren Abgeordneten hatten nun auch ihrerseits die Nase voll und wollten sie nicht mehr in den berüchtigten Brunnen stecken, zumal das ganze Hin und Her sowieso schon zum Himmel stinke und nach Brunnenvergiftung rieche. Aber weil die Konservativen nicht nachgaben und sogar mit einer Klage drohten, ließ man sich in Berlin herab – unwiderruflich zum letzten Mal! – und beauftragte einen Professor aus Köln, das Wasser zu untersuchen, kostenpflichtig für die Antragsteller.

Der gelehrte Mann kam denn auch eines Tages mit der Eisenbahn, und weil er sich brieflich angekündigt hatte, holten ihn die Dörfler vierspännig vom Bahnhof in der Kreisstadt ab und waren sich ihres Endsieges sicher.

Der Professor aus Köln füllte, begafft und bestaunt von den Dörflern (die Billigkeitspartei ließ sich nicht einmal sehen) verschiedene Reagenzgläschen, schüttelte sie, hielt sie gegen das Sonnenlicht und kramte aus seiner Reisetasche umständlich ein Mikroskop hervor, mit dem er eine Weile herumhantierte. Schließlich verkündete er das Urteil: „Gratuliere! Ihr habt das beste Wasser, das ich seit langem unter die Lupe genommen habe!"

Entsetzen und verbissener Ärger bei den Anwesenden über die vernichtende Niederlage und die verlorenen Goldtaler, die der Professor dankend mit nach Köln nahm. Als die Abwesenden das Ergebnis erfuhren, lachten sie sich eins ins Fäustchen und vergaßen schnell die letzte Nacht, in der sie mit peinlichst gesäuberten Jauchewagen immer wieder über den Berg ins Flußtal gezogen waren, um kristallklares Wasser für ihren Brunnen herbeizuschaffen, eine schlafraubende Schinderei. Und weil sie es waren, die zuletzt und damit am besten lachten, und weil ihr Lachen allzu laut das Zähneknirschen der Dörfler übertönte, war die Urfehde da, und die vererbte sich vom Vater auf den Sohn, und wenn auch der Enkel kaum noch den Grund der Abneigung kannte, so kochte in ihm dennoch traditionsbewußt das bäuerliche Blut, wenn er den anderen nur aus der Ferne sah.

Daß zwischen den Kindern aus dem Dorfe und denen aus den übrigen Ortschaften ein steter Händel bestand, weniger Abneigung als ein von den Eltern überkommenes verächtliches Hinüberschauen, spürte ich schon bald. Wenn beim Spiel zwei Parteien gebildet werden sollten, rückten die Dorfkinder ganz von selbst auf die eine und die übrigen auf die andere Seite des Sportfeldes. Und dann hub gleich ein munteres Geschimpfe an: Wir werden es euch schon zeigen! Wie hoch wollt ihr denn heute verlieren, he? Jeder Wettstreit drohte in ein tierisch ernstes Duell auszuarten.

Wenn des Mittags die Schule aus war, begann ohne ersichtlichen Grund eine Prügelei. Sie nahm ihren Anfang vor der Schultreppe, just an der Stelle, wo ein verrosteter Pumpenschwengel über dem längst versiegten Brunnenloch an den Ursprung der Dorffehde erinnerte. Im leichten Vorgeplänkel bewegten sich die feindlichen Haufen langsam über den Schulhof der Straße zu. Sobald man das Schultor hinter sich wußte, begann die offene Feldschlacht, daß die Fetzen flogen. Die Leibgurte als Schlagwaffen, die Hosenträger als Handfesseln und die Tornister als Schilde benutzend, stob man gegeneinander, bis das Kriegsglück sich auf eine Seite schlug, während die andere den Rückzug antreten mußte. Der geschlagene Gegner wurde in der Regel bis in seine Ortschaft hinein verfolgt, und es soll früher sogar vorgekommen sein, daß sich die Erwachsenen der Schande ihrer Sprößlinge bewußt wurden und mit Dreschflegeln und Forken nun ihrerseits in die Schlacht eingriffen.

Während mir die Urfehde zunächst verborgen blieb, weil sich die Gefechte meist außerhalb des Schulterrains abspielten, spürte ich doch das Außergewöhnliche dieses Kleinkrieges, wenn des Mittags eine gute Weile nach Schulschluß ein paar Jungen, zerzaust und blutend, bei mir anklingelten. „Herr Lehrer, ich bin gefallen", sagte der eine, dem das halbe Ohrläppchen eingerissen war. „Und ich – ich – mit dem Fahrrad gestürzt...". Dem anderen, der sich ständig das blaue Auge hielt, fehlte ein Ärmel, von einem Fahrrad war nichts zu sehen.

Der Inhalt meiner Hausapotheke war nach wenigen Wochen aufgebraucht. An Nachschub war nicht zu denken, denn Jod und Pflaster, Bandagen und Salben waren Mangelware. Und der Dorfkrieg ging munter weiter.

Also mußte das Übel an der Wurzel ausgerottet werden, um diesem Dilemma zu begegnen. Fortan wurden Mannschaftsaufstellungen beim Spiel und sonstige unterrichtliche Gruppierungen nicht mehr nach der Herkunft aus dem Dorfe oder den anderen Ortschaften vorgenommen. Man spielte zusammen und nicht mehr gegeneinander und verstand sich ganz prächtig.

Freilich wucherten die Wurzeln dieses Übels im Dunkel der Vergangenheit weiter und trieben allda wunderliche Schößlinge, wo man sie nicht vermutete. Also mußte ihnen nachgegraben, mußten sie ans Licht der Einsicht geholt werden und auf diese Weise verdorren.

Ich las den Kindern aus jener alten Schulchronik vor, in der die schrullige Schulbaugeschichte vermerkt war. Sie begriffen und schmunzelten. Dann wurde die ganze Begebenheit aus dem Stegreif gespielt, eine Tragikomödie im Stile eines Plautus oder Kleist. Die Klasse brüllte vor Lachen. Und indem sich die kleinen Mimen selbst im Spiel mit den Streichen ihrer Urväter identifizierten, begriffen sie auf eine höchst ergötzliche Weise und leibhaftig, was sich in den achtziger Jahren im Ringen um ihre Schule zugetragen hat und was sich im Leben immer und immer wieder ereignet: La comédie humaine.

Eine Menge Lehren

Es ist kaum zu glauben, um wieviel weniger erst zu begreifen, daß ich einst die Mathematik mit der ganzen Gründlichkeit einer Knabenseele gehaßt und zugleich zu meinem alten Mathematiklehrer voll grenzenloser Ehrfurcht aufgeschaut habe. Wenn er vor der schwarzen Wandtafel stand, scheinbar ein Wesen von einem anderen Stern, versuchte er uns seine jenseitigen Gedanken in eintönigem Gemurmel und mit geheimnisvollen Schriftzeichen kundzutun. Ich vermochte diesem Bandwurm von Ziffern, Buchstaben und mancherlei rätselhaften Zeichen nie recht zu folgen, denn mein Gemüt war nicht von jener nüchternen Art, mein Verstand nie so eifrig auf Logik und Präzision bedacht. Ich verlor mich gleich, während da vorne an der Tafel algebraische Formeln entwickelt oder Gleichungen entwirrt wurden, in meiner Traumwelt, ein phantasiereicher Wolkenschieber. Insgeheim aber bewunderte ich den Mathematiker, wie ich vor jeder zwingenden Logik der anderen den Hut ziehe, zugegebenermaßen mehr aus der Ehrfurcht eines Ignoranten als aus dem anerkennenden Beifall eines Wissenden. Im übrigen machte ich mir in meiner Bank nicht die geringste Sorge, der Meister an der Tafel könne einmal den Faden verlieren oder zu keinem gültigen Ergebnis kommen. Wenn er am Schluß der Stunde zwei dicke Striche unter das Resultat zog und die Kreide beiseite legte, dann wußte ich, daß alles seine Richtigkeit hatte und so gewiß war wie das Amen in der Kirche.

Denn die Mathematik ist im Labyrinth menschlicher Gedankengänge der absolut sichere Faden, der selbst auf tausend Umwegen nicht zerreißt oder etwa dank eines falschen Knotens in die Irre führen könnte. Vielleicht hat der Herr diesen einen Faden seinerzeit aus seinem unfehlbaren Gedankengewebe verloren, als er die Welt schuf, leichtsinnigerweise, muß man sagen, denn seither hat die Menschheit ein Axiom. Die Mathematik ist denn ja auch die einzige Geisteswissenschaft, in der selbst die leisesten Zweifel keinen Platz haben. Alle übrige Gelehrsamkeit geht hin und wieder am Stock, allen voran die erlauchte Philosophie. Sogar die selbstherrlichen Naturwissenschaftler geraten schon mal auf Abwege, die Biologen zum Beispiel, die aus neunundneunzig Erfahrungen vorwitzig eine einzige Vermutung ableiten. Aber ausgerechnet dieses hundertste Steinchen im Mosaik ihres Weltbildes entpuppt sich bei der nächsten Erkenntnis nicht selten als ein vor dem Lichte der Wahrheit vergehendes Gebilde. Errare humanum est – das gilt für die Denkergebnisse aller Wissenschaften, die Mathematik ausgenommen.

Was mich in der Mathematik immer wieder faszinierte und meine Lehrer so sehr bewundern ließ, das war die Eleganz der Beweisführung, war die fast blutleere Exaktheit der Beschreibung, die mir zeitlebens abging. Freilich schrieb auch der Mathematiker Hypothesen an die Tafel, hochtrabende Behauptungen sogar, aber, bei Licht besehen, waren das nichts als Herausforderungen, ein Getue letzten Endes nur, um hernach mit der Beweiskette um so lauter klirren zu können: Ergo – Mithin – Also, eine selbstgefällige Befriedigung ästhetischer Ziele.

Meinen Landkindern konnte ich mit derlei Akribie nicht kommen. Sie verlangten nach einfacher Kost, leichter verdaulich und weitaus nützlicher für spätere Tage. Das schlichte Rechnen war ihr tägliches Brot, an dem man ohnehin lange zu kauen hatte. Aber, genau besehen, war jeder noch so kleine Rechenschritt wiederum ein mathematisches Faktum, die Summe etwa oder das Produkt, unumstößlich wahr und richtig. Die meisten dieser Binsenwahrheiten hatten sie selbst entdeckt, indem sie die bunten Kugeln an der Rechenmaschine hin- und herschoben und das Ergebnis an ihren Fingern abzählten, manchmal eine verteufelte Plackerei. Die übrigen hatte sie ihr Schulmeister gelehrt, und im kindlichen Vertrauen auf seine Unfehlbarkeit nahmen sie alles das als gültig hin. Mit beidem, dem selbst Gefundenen wie dem Dargebotenen, ward mit der Zeit in ihren jungen Köpfen ein gediegenes Zahlengebäude aufgebaut, in dem man sich wohl zurechtfand und bei Gelegenheit das Notwendige aus der richtigen Ecke holte. Da gab es denn auch kein Vertun, zu sicher wußte man jede Zahl an ihrem Platz, ein unerschöpflicher Speicher für die gebräuchlichen Rechenarten.

Heutzutage legt man nicht mehr den größten Wert auf einen soliden Bestand in den Köpfen der Kinder, und was da oben an Fertigkeiten fehlt, kann man durch Knöpfedrücken in Sekundenschnelle von einem winzigen Gerät ablesen, vorausgesetzt, daß die Batterie intakt ist.

Als ich jüngst einen ehemaligen Schüler aufsuchte, der inzwischen auch das Erzieherhandwerk erlernt hatte und nun gerade dabei war, seine Zöglinge die Mathematik zu lehren, wunderte ich mich nicht wenig über das Unvermögen der Kinder, im Kopfe zu rechnen. Stattdessen jonglierten sie mit wunderlichen Ausdrücken, die das Neue im Gefolge hat, daß ich wie einer dastand, der zum ersten Male in seinem Leben ein Schulzimmer betritt. ‚Mengenlehre' sei das, wurde mir gesagt, eine neue Wissenschaft, die sich mit den Eigenschaften von Mengen und ihren Elementen befasse, ein glitzernder Stein zeitgenössischer Weisen, für manche zwar auch ein Stein des Anstoßes, gewiß, aber man müsse doch mit der Zeit gehen. In der alten Schule – Gott hab' sie selig! – seien zwar gewisse Fertigkeiten vermittelt oder, noch deutlicher gesagt: eingetrichtert worden, lauter auswendig gelerntes Zeug, indes die

Vorstellung von Mengen und die wechselseitige Zuordnung ihrer Gebilde arg vernachlässigt seien – eine Schande für die moderne Menschheit. Nun gut, was soll ein ausgedienter Schulmann zu solchen Vorwürfen sagen? Nichts am besten. Denn es besteht ja immerhin die Möglichkeit, daß die Zeit tatsächlich über ihn hinweggegangen ist, ohne daß er mit seinen tauber werdenden Ohren ihren Schritt vernommen hat, und daß er nun hoffnungslos auf der Strecke geblieben ist. „Vielleicht hast du recht", sagte ich zu meinem schulmeisternden Schüler, „man wird älter und begreift nicht mehr so leicht das Neue".

Auf dem Heimweg kamen mir mancherlei Gedanken. Zugegeben, das Kleine Einmaleins zum Beispiel wird seit urdenklichen Zeiten geochst, gebüffelt, wie man sagt – die beiden Verben deuten ja auch gleich an, daß tierischer Stumpfsinn mit im Spiel ist. Aber was tut's? Muß man im Leben nicht öfter den Kopf zwischen die Hände nehmen und sich plagen und mühen, damit diese oder jene Fertigkeit eingeht? Auswendiglernen – ein heute oft verachtetes Wort, und doch heißt es so viel wie: ‚aus' dem Inhalt eines Buches etliches zu wissen, auch wenn man es umge‚wendet' hat. Nein, ihr jungen Freunde unserer Zunft, es wird nicht derohne gehen; der liebe Gott hat schließlich nicht das Gedächtnis geschaffen, damit wir es verkümmern lassen gleich einer Rumpelkammer, in der weniger Körner der Weisheit zu finden sind, dafür um so mehr ausgedroschenes Stroh.

Was nun die kindliche Vorstellung von Mengen oder vom Verhältnis ihrer Elemente untereinander betrifft, so lebte man in der kleinen Landschule auch nicht gerade hinter dem Mond. Ob man addierte oder subtrahierte, ob man multiplizierte oder dividierte – immer ging der Lehrer von den Dingen aus, vom Greifbaren, denn was die Kinder greifen konnten, begriffen sie eher. Nur hatten wir nicht das nötige Geld, um uns teuere Gerätschaften zu kaufen, wie man es heute zuhauf in den Schultaschen findet. Dafür hielten die Dinge des Lebens her, denen das Kind tagtäglich begegnete und an denen es seinen Verstand schulte. Vorstellung von Mengen? Oho, das Landkind hatte seine festen Vorstellungen, noch ehe es in die Schule kam. Eine Menge Mengen auf den Höfen, in den Ställen, auf dem Schulweg, in festen Ordnungen und Grenzen, und wo etwas im Getriebe des Tages durcheinandergeraten war, wurde es neu geordnet und eingeteilt, denkbar einfach alles und notfalls mit Hilfe seiner Finger zu bewerkstelligen.

Möglich, daß man mir jetzt vorwirft, ich träfe nicht den Kern der Sache, weil ich alles zu sehr vereinfache. Recht gesprochen, Leute, denn wir haben schon in der Dorfschule da draußen uns des Einfachsten bedient und ohne große Umschweife vieles erreicht. Betrachtet das Neue beim Lichte des gesunden Menschenverstandes, und ihr werdet finden, daß man da in der Mengenlehre eine Menge Ballast mit herumschleppt und daß überdies Rabulisten am Werk sind, die unsere schöne Sprache entgegen allen Regeln der Kunst verdrehen. Jene schaffen Wirrwarr statt Ordnung in den Denkgehäusen der Kinder, obgleich sie ernsthaft danach trachten, möglichst präzise daherzureden. Indes, man kann auch des Guten zu viel tun, wenn da heutzutage zum Beispiel von einer ‚eindeutigen' Zuordnung im Mathematikunterricht die Rede ist. Hier ist die Ordnung der Vernunft auf eine zweideutige Weise zerstört.

Ein Stückchen Brot ernährt auch seinen Mann – mit dieser Weisheit sind wir auf unserer einfältigen Weise durch die Welt der Zahlen geschritten und haben mancherlei gebracht. Aller überflüssige Ballast blieb am Rande dieses Weges liegen, bis wir an seinem Ende die Erkenntnis gewonnen hatten, viel, viel Zeit gespart zu haben.

Und diese Zeit nutzten meine Kinder, um eine Menge guter Lehren mit aus der Schule zu nehmen. Ach, sie hatten ja immer etwas auf dem Herzen und hundert Fragen im Kopf, die einer klaren Antwort harrten. Doch wie's so kommt: entweder mangelte es an der Zeit oder am kindlichen Mut, sie dem Lehrer vorzutragen. Es waren ja auch manche dabei, die schon dem Fragesteller die Röte ins Gesicht trieben. Aber eben deswegen mußten sie heraus, damit ihnen die rechte Antwort gegeben werden konnte. Wer fragt, der lernt, sagt man, eine alte Weisheit; nur fragte ich mich wiederum, wie das Kind ungeniert seine Fragen loswerden könnte. Und da hatte ich's eines Tages! Meine Jungen mußten einen wunderschönen Briefkasten basteln, ihn blau anstreichen und ein großes Fragezeichen auf seine Tür malen. Dorthinein durfte fortan jedes Kind einen Zettel mit all den drängenden Fragen werfen, die manchmal wie eine Zentnerlast auf der jungen Seele lagen. Es ward ihm sogar eine Anonymität zugestanden, die sonst bei uns nicht üblich war, die aber hier die ersten Schritte erleichterte. Ich wollte ja nicht wissen, wer denn diese oder jene Frage gestellt hatte – im Grunde waren es solche, die alle drückten.

Ich bin meinen Kindern niemals eine Antwort schuldig geblieben, es sei denn, ich hätte die Antwort selber nicht gewußt. Zur Not stand auch ein Lexikon bereit, und manchmal kam es vor, daß Schüler und Lehrer gemeinsam nach einer Lösung suchten. Aber auf alle brennenden Fragen wurde schließlich eine Antwort gefunden; mehr noch: in der Glut des Brennens wurden Lehren geschmiedet, die ihre Gültigkeit für das ganze Leben behielten.

Die frühere Schule hatte auch schon Lebensweisheiten zu verschenken, die den Kindern auf eine rührselige Weise dargeboten wurden und die man dann als recht wurmstichige

Früchte des ‚gesinnungsbildenden Unterrichts' heimtrug. Ich erinnere mich meiner Kindheit, daß der Lehrer uns eine Geschichte vorlas: ‚Der kleine Apfeldieb', wobei er fortwährend mit erhobenem Zeigefinger die ganze Ruchlosigkeit der Untat unterstrich. Vorsichtshalber aber riegelte er am Mittag seinen Obstgarten fester ab als gewöhnlich, weil er selber ja auch einmal jung gewesen war und damals seine eigene Tugendhaftigkeit so locker saß wie heute der schönste Zitronenapfel hinterm Schulhaus. Als wir uns, von der edlen Geschichte angeregt, in der Dämmerung dem Obstgarten näherten, fanden wir tatsächlich das Tor verrammelt und verriegelt und den Lehrer ständig ums Haus schleichen.

Nein, solcherlei tugendhafte Geschichten hatten bei uns keinen Platz, wir gingen andere Fragen an, die unter den Nägeln brannten und die das Leben selber stellte. Was ist zu tun, wenn am Ende der Kindheit der Wuchs des Leibes plötzlich geschwinder wird, wenn man sozusagen ins Kraut schießt, wenn eine ungekannte Unruhe bis zum Halse hinauf schlägt und das Blut in den Adern zu brausen beginnt? Oh, ich kannte meine Jungen und Mädchen, ich las es von ihren Gesichtern ab, sah ihre Verstörtheit, wenn in nächtlichen Träumen die Kindheit wie ein Glasbild zersprungen und das volle, starke Leben im Rausche spürbar geworden war. Und ich wußte um ihre flehenden Gedanken: Sei du da vorne nicht nur unser Lehrer, der uns eine Menge nützlicher Fertigkeiten lehrt, sondern einer, der uns in die Lehre des Lebens nimmt, damit wir es meistern lernen!

Ich habe mich immer kopfschüttelnd abgewandt, wenn sich Schulmeister um Methoden in den Haaren lagen, wenn sie sich im abseitigen Gestrüpp der Pädagogik verloren, anstatt mit den Kindern Hand in Hand ein gutes Stück auf dem festen Wege in ihr zukünftiges Leben hinauszuwandern. Eben darum bin ich an manchem Neuen so achtlos vorübergegangen, das uns zwar kaum weitergebracht hätte als das Überkommene, das mir aber mit seinen Umwegen die wertvolle Zeit stahl, ein rechter Weggenosse der Kinder zu sein. Methoden hin, Methoden her – in Wahrheit sind sie nichts als handwerklicher Kram, so wie ein Maurer die Kelle zu schwingen und Stein auf Stein zu setzen versteht. Menschenführung aber ist mehr, heißt Baumeister sein am Leben eines jungen Menschen. Nicht der Maurer, sondern der Architekt setzt Werte, denn er vermag von einer höheren Warte aus das Ganze zu überblicken, anstatt sich im handwerklichen Kleinkram zu verlieren. Freilich gehört dazu, daß die Fähigkeit eines Schulmeisters nicht bei den simplen Methoden stehen geblieben ist, wie etwa der Maurer beim Schwingen der Kelle, sondern daß er sich ein wenig in der Welt des Geistes umgesehen hat, im Seienden wie im Vergänglichen. Es klingt ungemein großspurig, wenn ich behaupte, jeder Erzieher müsse zugleich in gewisser Hinsicht ein Philosoph sein. Wer aber auf dem Wege ins Leben ein Paidagogos, ein Kindführer also, sein will, der muß doch wohl ein fernes Ziel im Auge haben und nicht nur die Tagesetappen kennen. Und wer nach dem letzten Ziel Ausschau hält, sollte der höheren Ordnung der Dinge nachspüren, dem Ursächlichen, dem Prinzipiellen. Oder wie Fichte das alles viel besser zu sagen weiß: „Unsere ganze Geistes- und Herzensbildung muß selbst Philosophie sein".

Aber steigen wir von dem hohen Gerüst, auf dem wir uns leichtsinnigerweise verstiegen haben! Schließlich endet denn ja auch jeder Höhenflug wieder im Staub der Schulstube, beim harten, aber köstlichen Brot der Erziehung. Wir mußten uns allezeit sputen, jeder Augenblick war kostbar, denn alljährlich rief das Leben einen Teil meiner Kinder aus der Schulstube.

Und sie sollten doch gerüstet sein, mit allerlei Fertigkeiten in den Händen und im Kopfe. Und vor allem mit einer Menge Lehren im Herzen.

Das Strafgericht

Strafe muß sein, hört man oft sagen. Vielleicht will man mit diesem Spruch nur den unbedachten Griff zum Rohrstock oder die hitzig ausgeteilte Backpfeife rechtfertigen. Mir klingt die Redensart noch heute vielfältig in den Ohren, denn unser Lehrer stieß sie immer wutentbrannt aus, wenn er sich vom Katheder auf uns Kinder stürzte. In nächtlichen Alpträumen, die mich von Zeit zu Zeit wieder in die Schulbank zwängen, spüre ich wie damals seine massige Gestalt über mir schmächtigem Knirps – ein Goliath über dem David, und da habe ich nicht einmal eine Schleuder zur Hand, um mich des Ungeheuers zu erwehren. Unter dem Alpdruck umweht mich sogar jener Geruch von Tabak und Branntwein, der bei den Strafgerichten immer aus dem vor Anstrengung weit geöffneten Munde des Lehrers strömte.

Zugegeben: ich war nie ein besonders fleißiger Schüler und trieb zu allem Überfluß meinen Schabernack mit allen, die auf eine lästige Weise an mir herumzuerziehen suchten. Dennoch waren die Strafgerichte in der Schule nicht den Straftaten angemessen, und wenn ich daheim gar auf Verständnis oder Mitleid zu hoffen wagte, wurde ich bitter enttäuscht. Denn der Vater war ein frommer Mann und kam gleich mit der Bibel angerückt: ‚Wen Gott liebt, den züchtigt er' sagte er, scheinbar ungerührt. Und dann fügte er gewöhnlich noch das Wort eines gewissen Herrn Goethe hinzu, den ich nicht einmal kannte, weil er nicht in unserer Straße wohnte und weil ich ohnehin etwas gegen Sprüchemacher habe: ‚Ohne Züchtigung keine Erziehung'. „Ich bin durch eine gleich harte Schule gegangen", sagte der Vater beschwichtigend, als er meinen Tränenfluß sah, „und ich habe es nie bereut. Merke dir, mein Junge: Jugend und Zucht bringen im Alter reiche Frucht!"

In jener Zeit hielten es die Eltern noch mit der Schule, und manch einer mußte damit rechnen, daß auf das Strafgericht des Lehrers daheim noch ein paar Maulschellen folgten.

Im Nachhinein betrachtet, muß ich zugeben: Die Stockschläge und Backpfeifen in meiner Jugend haben mich nicht umgeworfen. Damit möchte ich nicht jenem martialischen Treiben mancher Schulmeister das Wort reden – bewahre! Sie straften ja meist im Zorn, und ich habe nie erlebt, daß ihrem Zorn die Reue auf dem Fuße folgte. Oft habe ich sogar durch die tränenverschleierten Augen ein Lächeln der Befriedigung auf dem Gesicht unseres Lehrers sehen können, wenn er nach der Exekution keuchend zum Katheder zurückstampfte. Nein, was uns alle, die wir voller Ängste die Schulbänke drückten, in unserer kindlichen Seele zutiefst bewegte, war ein Ahnen der Binsenweisheit, daß Strafe im Zorn weder Maß noch Ziel kennt.

Ich habe später, da ein gütiges Geschick mich selber als Erzieher in die Schulstube führte, oft darüber nachgedacht, wie ich alles, alles anders machen könnte. Vor allem aber drängte sich dem jungen Erzieher immer wieder die Gretchenfrage auf: ‚Nun sag', wie hast du's mit der Prügelstrafe?' Am Ende meiner Überlegungen kam ich dann zu dem Entschluß, den Rohrstock aus der Schulstube zu verbannen.

Aber da kamen gleich die Eltern gelaufen und ließen ihren unerfahrenen Dorfschulmeister wissen: so gehe es nun wirklich nicht, denn der Knüppel habe aus manchem reißenden Hofhund schon ein lammfrommes Haustier und aus einem Tunichtgut zuweilen einen gehorsamen Sohn gemacht. Ein jeder wußte aus seiner Schulzeit von Züchtigungen zu erzählen, die keinem zum Schaden gereicht hätten. Und alle Berichte endeten mit der Versicherung: Schade, wenn ein Hieb daneben gegangen wäre!

Allein, ich ließ mich nicht beirren und versteckte den Rohrstock im hintersten Winkel des Klassenschrankes. Ich wollte ja Zuneigung statt Furcht und glaubte felsenfest an die Macht des guten Zuredens. Vor allem aber gedachte ich, mit dem mir eigenen Humor die ärgsten Widersacher schon auf den rechten Weg zu führen.

In meiner kleinen Landschule saßen die Kinder aller Jahrgänge vor mir. Da waren die ganz Kleinen, denen der Ranzen noch auf dem schmalen Rücken wippte und die voller Vertrauen an meinen Rockschößen hingen, sobald ich auf dem Schulhof erschien. Und da waren die Großen, die schon sichtbar der Reife entgegengingen und deren Gehabe gegenüber dem anderen Geschlecht zwischen Schwärmerei und Verschämtheit hin- und herschwankte. Verstecktes Kichern hier, heimliches Zwinkern dort von der Jungenbank zu den Mädchen hinüber. „Aufpassen, Herr Kollege!" hatte mir ein erfahrener Schulmeister aus dem Nachbardorf gesagt, als ich ihm von meinen Beobachtungen erzählte, „und vor allem mit den härtesten Strafen durchgreifen!"

Aufpassen, durchgreifen ...

Nun, ich legte mich nicht wie ein Spürhund auf die Lauer, um jede Heimlichkeit zu erspähen. Vielleicht ist das alles das Natürlichste von der Welt, dachte ich mir, und irgendwann hast du ja auch angefangen, nach blonden Mädchenzöpfen zu schielen und verliebte Augen zu machen.

Eines Tages geriet ich aber doch unversehens ins Gedränge. Früh morgens kamen die Kleinen angerannt und flüsterten mir mit wichtiger Miene zu, der Franz sei gestern mit der Maria durch die Kornfelder spaziert und sie hätten sich sogar an den Händen gehalten.

Der Franz und die Maria, so so ...

In der Zeichenstunde sah ich, wie heimlich ein Zettel von Bank zu Bank lief, der überall ein unterdrücktes Kichern hervorrief. Während ich noch überlegte, was zu tun sei, geschah es, daß das Blatt Papier einem Kinde aus der Hand und vor meine Füße glitt. Entsetzen in der Klasse, man hätte eine Stecknadel fallen hören können.

Nun, ich nahm den Zettel auf und las laut vor mich hin: ‚Als Verlobte grüßen: Franz und Maria'. Dabei verzog ich keine Miene. Ich sah zu den beiden hinüber und bemerkte, wie sie sich vor Scham versteckten.

Dann aber ließ ich ein Ungewitter los. So etwas hätte ich nie von den beiden erwartet, rief ich mit dem ernstesten Gesicht, und was sie sich wohl dabei gedacht hätten? Ich sei betroffen bis ins Innerste, jawohl!

Nie habe ich meine Kinder so fassungslos und erschrocken vor mir gesehen, als ich eine lange Schimpfrede gegen die beiden Verliebten hielt, die dann unvermittelt endete: Ich sei in der Tat tief enttäuscht, das müsse ich schon sagen! Und warum? Da hätten sich, wie hier zu lesen sei, der Franz und die Maria verlobt, ohne mich zu der Feier einzuladen. Ob sie wohl Sorge gehabt hätten, ich würde den Festtagskuchen ganz allein verzehren?

Einen Augenblick lang herrschte Totenstille in der Klasse; dann aber brach ein unbändiges Gelächter aus, in das selbst die beiden ‚Verlobten' befreit einstimmten.

Übrigens habe ich nie wieder einen solchen Zettel in meiner Schule gesehen, der Reiz der Geheimniskrämerei war dahin, weil jedes Kind erfahren hatte, daß der Lehrer solche Harmlosigkeiten mit Humor statt mit Strafen erledigte.

Ein andermal meldete sich eines Morgens, als ich eben mit dem Unterricht beginnen wollte, der Josef, von Natur aus ein wenig naiv und ungeschlacht, und beklagte sich, die Agnes habe ihm auf dem Schulweg die Zunge herausgestreckt, ganz weit sogar, und ob der Lehrer die Agnes nicht bestrafen werde.

Während der Junge noch vor mir stand und seine glanzlosen Augen auf mich richtete, schaute ich zu dem Mädchen hinüber, das eine meiner besten Schülerinnen war. Jetzt hielt es betreten den Kopf gesenkt. „Weißt du, Josef", sagte ich, ohne eine Miene zu verziehen, „du strafst die Agnes am besten selbst. Wenn die eines Tages zu dir kommt und dich heiraten will, tust du ein Gleiches! Ich bin sicher, daß sie dann ihre Schandtat bitter bereut". Und in das allgemeine Gelächter sagte Josef mit todernstem Gesicht und fester Stimme, die ich ihm gar nicht zugetraut hatte: „Das wird sie bestimmt – die heirate ich nie!"

Auf solche Weise gelang es mir fast immer, belanglose Vergehen aus der Welt zu schaffen.

Aber manchmal ritt doch der Teufel meine Buben, und unter den Sporen seines Pferdefußes galoppierten sie über die Hürde des Erlaubten hinweg. Wenn sie dann alle guten Ermahnungen in den Wind schlugen, wurden die Übeltäter – ich bekenne das mit allem Freimut – mit einer Backpfeife bedacht. Und wenn's zu arg kam, wenn Brutalität mit im Spiele war, wurde auch der Rohrstock aus der hintersten Schrankecke geholt.

Ein jeder, der einmal vor mir gesessen hat, weiß, wie schwer mir solche Strafgerichte von der Hand gegangen sind. Und doch wage ich zu behaupten, daß die totale Verbannung des Stockes aus der Schule durch Obrigkeiten, die weit vom Schulalltag entfernt stehen, einer der weittragenden pädagogischen Fehler unseres Jahrhunderts ist. Um den wilden Prügeleien der Vergangenheit zu begegnen, wurde schon vor Jahrzehnten eine Faustregel eingeführt, die den Gebrauch des Stockes erlaubte: bei Roheitsdelikten gegen Mensch, Tier und Sache. Heute sind diese Delikte keineswegs aus der Welt geschafft, wohl aber das letzte probate Mittel, um Abhilfe zu schaffen. Die Folgen sind nicht zu übersehen, denn die Delikte häufen sich. ‚Wer nicht geschunden wird, wird nicht erzogen', erkannten die Griechen schon vor dreitausend Jahren, und vielleicht ist das auch der Grund, daß manche humanisierenden Schulmeister heute so wenig von humanistischer Bildung wissen wollen.

Freilich habe ich als Strafender jederzeit gewußt, daß niemals im Zorn gehandelt werden darf und daß bald nach dem Strafgericht die versöhnende Hand gereicht werden muß. Luther hat das richtig erkannt, als er schrieb: ‚Man muß also strafen, daß der Apfel bei der Rute sei'. Das ist pädagogische Weisheit, hundertmal klüger als jede akademische Gelehrsamkeit unserer Tage.

Als ich noch ein Kind war, überließ mir die Mutter in unserem Hausgarten ein winziges Beet, das ich selber bestellen durfte. Mit meinen ersparten Groschen lief ich gleich zum Gärtner und kaufte mir ein Apfelbäumchen, das ich mitten in mein Gärtchen pflanzte. Es fing auch alsbald an zu sprießen und trieb lauter neue Zweige, sehr zu meiner Freude. Als aber der Apfelbaum im Frühjahr nicht blühen wollte und also auch keine Frucht ansetzen konnte, lief ich wieder zum Gärtnermeister und klagte ihm mein Leid. „Ich komme morgen vorbei", sagte er, „und dann wollen wir mal nachsehen!" In meiner Einfalt glaubte ich, der gute Mann werde dem Bäumchen mit einem Wundermittel auf die Sprünge helfen. Aber statt dessen zog er nur eine Rosenschere aus der Tasche und fing an, den Baum nach allen Regeln der Kunst zu beschneiden, daß mir fast das Herz blutete. „Der kann ja nicht blühen und Früchte tragen", sagte er, „denn ein Baum mit wilden Trieben ist wie ein Junge, der niemals Prügel bekommen hat". Und die Schere biß sich weiter in die Zweige meines Bäumchens und ließ alle Auswüchse zur Erde fallen.

Ich weiß noch, wie ich damals das Gesicht abwandte, denn in meiner kindlichen Vorstellung glaubte ich bei jedem Schnitt, den Schmerz des jungen Baumes mitzuspüren.

Warum ich diese Begebenheit in aller Breite erzähle? Nun, sie ist mir später immer wieder als Gleichnis in die Erinnerung gekommen. ‚Man veredelt die Pflanzen durch Zucht und die Menschen durch Erziehung', sagt Rousseau. Meine Erzieher haben mir nicht die Finger abgeschnitten, weil sie, einem wilden Trieb folgend, mit Kreide an die Schulwand schrieben, daß unser Lehrer doof sei. Statt der Schere hat mich der Rohrstock belehrt, daß nur Narrenhände Tisch und Wände beschmieren. Ich gebe heute, da ich in die Jahre gekommen bin, freimütig zu, daß die Lehrer, Eltern und Nachbarn ihre liebe Not hatten, um all die schlimmen Neigungen und Auswüchse, die in immer neuen Spielarten aus meinem Innern brachen, beizeiten zu beschneiden. Freilich gelang jenen Erziehern nicht, jeden Hang auszurotten, und das war mir später sehr lieb. Denn als unfehlbarer Tugendbold meinen Schülern unter die Augen zu treten, wäre nun auch nicht das Rechte gewesen, sie hätten es mir vielleicht sogar verargt.

Ich bin wieder einmal vom Thema abgekommen, und das ist zum Beispiel eine Unart, die meine Freunde mir nachsagen. Was ich mit dem Gleichnis von den Pflanzen und Menschen nur sagen wollte, ist doch die unumstößliche Wahrheit, daß der liebe Gott für alles, was da auf seiner schönen Erde recht gedeihen soll, nicht nur das Angenehme, sondern auch das Unangenehme geschaffen hat: stechende Hitze zum Beispiel, peitschenden Regen und beißende Kälte, damit es von Anfang an gehärtet wird. Statt dessen kommen gleich die für das

Wachstum Verantwortlichen gelaufen und stülpen über jedes Werden den Glaskasten ihrer Affenliebe.

Vielleicht stimmt jetzt mancher Erzieher ein Gezeter an – mich soll's nicht verdrießen. Hand aufs Herz, ihr Neunmalklugen: Geht ihr heute nicht oft viel grausamer vor, wenn ihr in eurer lieben Not unbelehrbare Grobiane mit Nichtbeachtung straft oder gar mit beißendem Zynismus, der tief unter die Haut geht? Und glaubt ihr wirklich, daß man heute auf den Stock in der Schule ganz verzichten und sich damit trösten kann, der Polizeiknüppel werde später schon das Versäumte nachholen?

Ich sehe bekümmert die vielen Jugendlichen, die haltlos wie Rohre im Winde schwanken, vielleicht, weil sie nicht zur rechten Zeit und in rechtem Maß den Rohrstock gespürt haben. Dem Schulmeister von heute sind die Hände gebunden, und statt seiner werden in zunehmendem Maße die Psychiater und Jugendämter, die Gerichte und die Polizei bemüht. Die kleinen Strafgerichte in der Schule sind abgeschafft; die großen Gerichte laufen vergeblich hinter der versäumten Erziehung her.

Mit Dieben auf du und du

Das Anwesen um die einsam gelegene Landschule, das Lehrerhaus, das Stallgebäude und der ausgedehnte Obsthof, wurden in den ersten Nachkriegsjahren häufiger, als es mir lieb war, von Dieben heimgesucht. Die da nächtens lange Finger machten, waren beileibe keine Verbrecher, sondern nur Hungrige aus den großen Städten. Sie mieden die Bauernhöfe, wo das Gebell scharfer Hunde gleich die nächtliche Stille zerriß, wenn sich ungebetene Gäste näherten. Statt dessen beehrten sie den Obsthof des Dorfschulmeisters und stopften sich die Taschen voll mit Äpfeln und Birnen.

Nun muß ich ein Bekenntnis ablegen, kein rühmliches freilich: Ich habe zeitlebens eine innere Verwandtschaft zu jenen harmlosen Obstdieben gehabt und in meinen Jugendjahren sogar eine gewisse Geschicklichkeit in diesem Gewerbe entwickelt. Und wenn es wahr ist, wie's unser Kaplan damals wissen wollte, daß nämlich jeder gestohlene Apfel dereinst mit einem Tag Fegefeuer bestraft wird, hätte ich schon ein paar Jahre dort unten zu schwitzen.

Mir taten jene Menschen ja im Grunde leid, die da nachts ganz bescheiden einen Rucksack voll Renetten stibitzten, um ihren Hunger zu stillen. Als ich jedoch einmal von einer Reise heimkehrte, bei der ich nur eine einzige Nacht nicht daheim war, mußte ich feststellen, daß eine ganze Räuberbande gleich zentnerweise das beste Obst mitgenommen hatte. Da stand ich nun mit einem dummen Gesicht und sann über die Schlechtigkeit der Welt nach.

Ach, es war schon schwer in jenen Nachkriegsjahren, den Glauben an das Gute nicht ganz zu verlieren. Die allgemeine Moral war aus den Fugen geraten, und was geübte Langfinger mitgehen ließen, hatte mit Mundraub, den man noch hätte hinnehmen können, nichts mehr zu tun. Andrerseits, so sagte ich mir, hast du das unverhoffte Glück gehabt, schon bald nach Kriegsende aufs Land verschlagen zu werden, wo zwar nicht Milch und Honig flossen, das mir aber dennoch wie das gelobte Land erschien. Die paar Morgen Äcker und Wiesen um das Anwesen gaben das Nötigste zum Leben her, und die Bauern ließen ihren Schulmeister auch nicht verhungern. Es wehte also ein Hauch von Wohlhabenheit um das Schulgeviert – kein Wunder, daß von Zeit zu Zeit dunkle Elemente aufkreuzten und allerlei Nahrhaftes mitnahmen.

Also entschloß ich mich, jenem lichtscheuen Gesindel das Handwerk zu legen. Ich spannte hauchdünne Drähte kreuz und quer über den Obsthof und baute raffiniert ausgeklügelte Kontakte ein, die mir nächtliche Besucher melden sollten. Und das klappte auch so vorzüglich, daß ich nun beinahe eine Nacht um die andere hinaus mußte, mit einem furchterregenden Knüppel in der Faust. Stand ich dann aber den Dieben gegenüber, schmolz mein ganzer Zorn dahin. Ich sah im spärlichen Licht der Nacht hagere, ausgemergelte Gestalten vor mir, und ihre Kleidung verriet mir zudem, daß sie wie ich noch vor kurzem draußen an der Front gestanden hatten: der schäbige Kommißmantel, faltige Stiefel und die abgegriffene Feldmütze. Und wenn sie mir, als ich knüppelbewaffnet herangerückt kam, noch zuriefen: „Hast du denn kein Herz im Leibe?", dann gab ich kleinlaut zurück: „Nehmt euch für heute ein paar Äpfel, aber kommt nächstens bei Tage wieder!" Die nächtliche Unterhaltung verlief so, als sei sie nur die Fortsetzung der Soldatensprache: im vertraulichen ‚du'.

Eines Sonntags, als ich eben vom Kirchgang zurückkehrte, traf ich zwei Männer an, die vor der Schule auf einer Bank saßen und bescheiden an einer Möhre kauten. Ich wünschte guten Appetit, die beiden dankten höflich und luden mich mit einer Handbewegung zum Sitzen ein.

„Auf Hamsterfahrt?" fragte ich, als ich die ausgezehrten Gesichter sah, und überlegte insgeheim, womit ich den beiden eine Sonntagsfreude machen könnte.

„Nein, nein, mein Lieber" sagte da einer der beiden Männer, „wir haben Pech gehabt".

„Wieso habt ihr Pech gehabt?" Die beiden gaben mir ein Rätsel auf.

„Weißt du", begann der eine wieder, „wir haben beide eine Familie daheim; der Klaus da hat sechs und ich habe sieben Kinder – wie soll man die vielen Münder stopfen? Das Betteln von Hof zu Hof mag wohl einen einzelnen ernähren, aber nicht solch eine hungrige Schar. Ja, und da haben wir in der letzten Nacht versucht, ein wenig Vorrat – –"

„Also stibitzt?" sagte ich, als der Mann verlegen stockte.

„Du hast es erraten: wir haben ein bischen geschnorrt". Das war nun wieder der alte Landserjargon. Darauf schwieg er beharrlich, und erst, als ich entschieden fragte, wo jetzt der ‚Vorrat' sei und bei wem sie denn ‚geschnorrt' hätten, sagte der Mann recht kleinlaut: „Als wir heute mit unseren Koffern den Zug zur Heimfahrt besteigen wollten, war plötzlich die Gendamerie da, verdammt auch! Und bei wem wir stibitzt haben, willst du wissen? Mensch, kapierst du immer noch nicht? Bei dir natürlich!"

Die beiden verrieten mir, als ich mich von meinem Schrecken erholt hatte, sie seien gegen Mitternacht in einen meiner Apfelbäume gestiegen und hätten in aller Seelenruhe ihre Koffer gefüllt.

„Das kann nicht sein, ihr Spitzbuben", sagte ich, „denn ich bin wenig später noch über den Obsthof gegangen und habe die Stolperdrähte gespannt!" Tatsächlich hatte ich bis tief in die Nacht hinein gelesen und darüber fast die Alarmanlage vergessen.

Die beiden grinsten mich an. „Das stimmt sogar, wir haben dich gesehen. Wir saßen da schon in dem weit ausladenden Boskop-Baum, und du bist genau unter uns hergelaufen – –"

Ich will ja mit meiner Mildtätigkeit nicht prahlen, wenn ich berichte, daß ich den beiden die Koffer voll Äpfel schenkte. Diese herbe Sorte war um einen ganzen Monat zu früh gepflückt, denn der Boskop muß die ersten Nachtfröste hinter sich haben, damit er den ganzen Winter über hält...

Weit größere Sorgen hatte ich mit dem Stallgebäude, wo neben allerlei Gerätschaften zwei Dutzend Hühner und ein Schaf ihre Unterkunft hatten. Eine Hühnersuppe oder eine Hammelkeule sind allemal nahrhafter als Apfelmus, wird sich mancher meiner nächtlichen Besucher gesagt haben, als er mit Brechstange oder Eisensäge in den Stall einzudringen versuchte. Natürlich erfand ich auch da bald eine Alarmvorrichtung, wenn ungebetene Gäste sich begehrlich meinem Viehzeug näherten. Und als ich eines Nachts einen Kerl auf der Deele des Stalles stellte, rief ich ihm zu: „Komm heraus, he, kriegst ein paar Wochen Knast weniger!" Aber dann sah ich, wie in seiner Hand ein Messer blitzte, worauf ich es für geraten hielt, mich schleunigst zurückzuziehen, um auch ihm eine Gelegenheit zu geben, im Dunkel der Nacht zu verschwinden.

Die Zeiten wurden zusehends rauher. Statt der harmlosen Obstdiebe kamen nun Einbrecher, die dreister zu Werke gingen und sogar bewaffnet waren. Und darum sagte ich mir: Du hast draußen im Felde viele Jahre lang deine Haut zu Markte tragen müssen und bist heil davongekommen. Willst du jetzt wegen ein paar Habseligkeiten noch dein Leben aufs Spiel setzen? Lieber soll der nächtliche Eindringling mit einer Beule heimwärts fahren, an die er noch lange denken wird. Darum legte ich mir an einem Fenster im oberen Stockwerk einen Schlegel bereit, um notfalls aus sicherer Deckung heraus den Dieb zu attackieren.

Als mir einige Zeit später die Alarmanlage anzeigte, daß sich jemand dem Stalle näherte, öffnete ich vorsichtig das Fenster und spähte hinaus. Mir stockte fast der Atem: an der Hauswand entdeckte ich etwas Dunkles. Eine Gestalt, die Schmiere stand? Was denn sonst! Einen Augenblick überlegte ich, ob ich vielleicht den Kerl auch mit dem vertrauten ‚du' anreden und ihn höflich bitten sollte, nach Hause zu gehen. Nichts da, solche Banditen verdienen einen Denkzettel! Ich nahm den Schlegel in die Hand, visierte den Einbrecher dort unten genau an und schleuderte das schwere Eisending hinab.

Peng!! machte es – ein lautes Scheppern und Klirren drang durch die Stille der Nacht, daß drüben im Dorfe gleich die Hunde zu bellen begannen.

Und weiter? Ach, weiter eigentlich nichts. Denn der Schatten dort unten war ein meterhoher Steintopf gewesen, den ich am Abend zuvor aus der Stadt mitgebracht hatte, um Sauerkraut darin einzustampfen. In meiner Aufregung aber hatte ich ganz vergessen, daß ich selber ihn dort an der Hauswand abgestellt hatte...

Tags darauf, als ich die Scherben betrachtete, überlegte ich, ob es nicht doch besser gewesen wäre, den vermeintlichen Einbrecher wie bisher anzusprechen: „Verschwinde du, sonst – –"

Aber dazu war es jetzt zu spät.

Puppenspieler

Dem Spielen aus dem Stegreif räumte ich mehr und mehr einen Platz in meiner Schule ein. Es war ja etwas Belebendes im manchmal träge dahinfließenden Unterricht. Wie um einen Stein im müden Rinnsal des Grabens das Wasser plötzlich zu quirlen und zu hüpfen beginnt und noch lange danach seine Wellen wirft, so wirkte ein Spielchen, aus der Situation des Augenblicks geboren, wie der Stein eines Anstoßes zu neuem unterrichtlichen Leben. Dann sprangen überall neue Quellen auf, selbst auf dürrem Boden, auf dem sonst kein Hälmchen der Regsamkeit sproß. Ein jeder hatte Vorschläge für eine Szene, für die Auswahl der Mimen und der Requisiten. Nur – das Spielen selbst überließ man geflissentlich lieber den anderen.

Sich im Stegreifspiel zu versuchen und dabei schöpferisch tätig zu werden, dafür waren die Landkinder einfach zu gehemmt, zu unfrei, zu scheu. Sie standen draußen sicher im Stegreif der Pferde, wenn der verwegene Ritt über Felder und Gräben ging. Sozusagen aus dem Steigbügel heraus jedoch selber eine Szene gestalten, wenn andere zuschauten – nein, das ging bei diesen stillen, in sich gekehrten Kindern nicht an. Zum Schau-Spielen fehlte ihnen die Fähigkeit, sich anderen zu öffnen. So konnte ich anfangs für die Rollen eines Stegreifspiels nur ein paar Stadtkinder gewinnen, die der Krieg aufs Land verschlagen hatte.

Und doch, das spürte ich mehr und mehr, ist das Darstellen von Personen oder Tieren in ihrer eigenen Wesensart für die Menschenformung so dienlich. Fordert nicht Goethe im ‚Wilhelm Meister': „Kinder müssen Komödien haben und Puppen"? Und Schillers ‚Homo Ludens' – ist das nicht ein deutlicher Fingerzeig für jeden Erzieher? Laßt eure Kinder, ihr Schulmeister, deren Seelen ihr wie weiches, formbares Wachs in den Händen haltet, eine gute Weile spielen, laßt sie sich im Spiel verwandeln! Denn eine Rolle zwingt sie doch, sich selbst aufzugeben, ‚außer sich' zu sein, einmal von ganz anderer Art zu sein. Sie schlüpfen sozusagen in einen anderen Körper hinein, in ein anderes Naturell und entfernen sich so von ihrem eigenen Ich. Aus der Distanz aber vermögen sie ihr zurückgelassenes, entblößtes Ich zu betrachten, zu erfassen und abzuschätzen. Gibt es eine bessere Selbsterkenntnis als beim ‚Außersichsein'?

Aber das Heraustreten aus der Hülle des eigenen Ich traf bei meinen Landkindern auf solche Schwierigkeiten, daß ich in den langen Jahren meiner Dorfschulmeistertätigkeit nie recht zum Laienspiel gefunden habe, ich gebe es ehrlich zu. Angesichts eines zuschauenden Publikums gingen sie nicht aus sich heraus, blieben zugeknöpft in ihrer Verschämtheit, den Mantel ihrer Eigenart auch nur ein wenig zu lüften.

Da kam mir eines Tages die Idee, ihnen die Scheu des Sichöffnens coram publico auf eine einfache Weise zu nehmen. Ich stellte sie hinter einen bis über ihre Köpfe reichenden Vorhang und gab ihnen Puppen in die Hände. Und siehe da – hinter der Spielleiste verflog die Verschämtheit, und sie schlüpften augenblicklich aus ihrer eigenen Hülle heraus und in die Puppe hinein. Ja, sie verloren sogar ihre eigene Sprache ganz und gar und hörten plötzlich die Hexe über ihren Köpfen keifen, den Teufel schmeicheln und den Kasper angriffslustig witzeln. Sie hauchten den Holzköpfen Leben ein, das ein anderes Leben war als das ihre. Sprache, Bewegung und Gestik – das alles lernten sie nun spielend, als ‚homines ludentes' – Schiller hätte seine Freude daran gehabt.

Das Puppenspielen wurde seither von den Kindern mit einer Inbrunst betrieben, die ich nie für möglich gehalten hätte. Alle, selbst die reserviertesten, drängten sich zu den Rollen, und wer nun allzu ungeschickt mit den Figuren hantierte und wieder und wieder aus der Rolle fiel, der war darob nicht gar zu traurig. Er entdeckte seine Fähigkeiten beim Herstellen der Requisiten, beim Kleidernähen, beim Bühnenbau oder beim Anschließen der Beleuchtung und war von Herzen froh, auf seine Weise zur Gilde der Puppenspieler zu gehören.

Und als die ersten kleinen Stückchen über die Puppenbühne gegangen waren, da kam die Musik hinzu, und aus dem Spiel wurde alsbald ein Singspiel. Die Kinder wuchsen mit ihren Aufgaben: die Mimen und Musikanten, die Requisiteure und Techniker, und es dauerte gar nicht lange, da konnten wir uns anspruchsvolleren Stücken zuwenden, mit denen wir sogar in den benachbarten Dörfern und Städten zu Gast waren. Des bayrischen Grafen Pocci ‚Zaubergeige' ging über die Spielleiste, und schließlich wagten wir uns an den auf das Kasperlespiel zugeschnittenen ‚Freischütz' heran. Aus den gestaltungsarmen Landkindern waren kleine Meister der Verwandlung geworden, sicher, mit immer neuen, selbst gefundenen Nuancen spielend, und wenn sich mal ein Lapsus einschlich, bügelten sie ihn dreist auf ihre Weise aus und besaßen sogar die Stirn, auf eigene Faust das Kolorit eines Gastdorfes aufzuspüren und, ohne daß ich es ahnte, mit vollendeter Improvisation in das Spiel einzutupfen.

Eines Tages erreichte uns eine Einladung nach Köln, mir stockte der Atem, als ich den Brief las.

Köln!

Im Nachsatz des Schreibens erfuhr ich beiläufig, ein befreundeter Künstler, der einmal in meiner Dorfschule zu Besuch und dabei ein begeisterter Zaungast des unbekümmerten kindlichen Spiels gewesen sei, habe uns der Direktion der Messehalle empfohlen.

Köln!

Die Einladung stürzte mich in einen Zwiespalt. Sollten wir uns nicht lieber bescheiden und, was unsere Aufführungen betraf, mit dem heimatlichen Raum fürlieb nehmen? Andererseits reizte mich die Gastspielreise nicht wenig, es war auch wohl jugendliche Abenteuerlust oder gar Stolz im Spiel, als die große Welt den Schulmeister aus seiner kleinen Dorfschule lockte. Und die Verlockung war stärker als die Bescheidenheit, und so siegte schnell das Für über das Wider.

Einige Wochen später trug uns der Schnellzug in die Domstadt. Es gab nicht wenige Kinder, die noch nie mit der Eisenbahn gefahren waren. Keines aber war je bis Köln gekommen. Eine ganz neue Welt tat sich vor meinen Kindern auf, als der Zug über die Rheinbrücke donnerte. Der mächtige Strom mit seinen Schiffen, das Häusergewirr und über allem thronend der Dom – unvergeßlich für meine Kinder, die der bäuerliche Alltag bisher kaum aus den Grenzen des Dorfes entlassen hatte.

Während des Spiels in der Messehalle vor vielen hundert Zuschauern hatte nur einer Lampenfieber – ihr Schulmeister. Den Kindern indes ging alles so selbstverständlich ‚von der Hand', im wahrsten Sinne des Wortes gesagt, daß meine Gedanken sich schließlich unbemerkt von der Handlung entfernten und dem Rätsel nachhingen, wie denn der mächtige Zauber des Puppenspiels imstande war, Unfreie in Freie zu verwandeln ...

Der Abschied

Eines Tages nahm ich Abschied von meiner kleinen Landschule. Es waren keineswegs widrige Umstände, wie man Ärgernisse zu umschreiben pflegt, die einen den Wanderstab leichteren Herzens in die Hand nehmen lassen. Eine neue Zeit kündigte sich an, als es klugen Leuten einfiel, von der Unzulänglichkeit der Zwergschule in einer modernen Welt daherzureden. Gut, mochten sie in mancherlei Hinsicht recht haben, aber man übersah im Eifer oder auch geflissentlich den hellen Glanz in den vier Wänden der Dorfschule, der heute schon fast verschüttet und vergessen scheint.

Wie schwang noch der Rhythmus der Jahreszeiten durch das Schulleben, mächtig, erregend und dann auch wieder in sanfter Schwermut. Und weil der Puls des Lebens auf dem Lande vernehmlicher schlägt als anderswo, vor allem was den Wandel zwischen Säen und Ernten, zwischen Werden und Vergehen oder auch zwischen Zeugung und Geburt betrifft, so nahmen die Kinder den Jahresrhythmus mit wacheren Sinnen wahr als ihresgleichen zwischen den grauen Häuserzeilen der Städte. Genügte nicht schon ein flüchtiger Blick aus den Schulfenstern, um zu sehen, wie der Winter verging? Dem Seidelbast draußen am Zaun stieg zuerst die Märzsonne zu Kopfe, er gebärdete sich ein wenig vorlaut als Künder des Frühlings, obwohl seine Beine noch im tiefen Schnee staken. Verschwenderisch breitete der Sommer später seine Blumenfülle vor den Klassenfenstern aus, und wenn die Kinder eine kunstvoll geflochtene Erntekrone in die Schule trugen, wußte man, daß das Jahr sich wieder zu neigen begann, und es dauerte auch gar nicht mehr lange, bis unter dem Adventskranz wie von selbst ein Singen und Musizieren begann und der Winter zwischen Träumen und Besinnen seinen Einzug hielt.

Heute bedenkt man wohl nicht mehr, daß das Kind den Wandel der Jahreszeiten ja viel wacheren Sinnes erlebt als unsereins, dem das Werden und Vergehen schon zur Gewohnheit geworden ist. Aber das unerfahrene Kind, das im Wachstum seiner Seele in jedem Jahr aus ganz anderen Augen in die Welt blickt, mit ganz anderen Maßstäben mißt, holt jede Phase des Jahresablaufs in die Tiefe seines empfindsamen Gemüts. Es schweifte, als es noch in die Landschule gehen durfte, vom Wege ab und tollte mit hüpfendem Tornister auf dem Rücken über die Frühlingswiesen, wo sich die breiten gelben Tupfer der Kuhblumen zusammendrängten oder wo die Blütenblätter des Hahnenfußes, so durchscheinend und zart gewirkt wie florentinisches Goldgeschmeide, sich auf dünnen Stengeln aus dem dichten Gras ans Sonnenlicht hoben. Das Kind hatte Zeit und Muße genug, auf seinem täglichen Schulgang vor dem Weißdorn zu verweilen und das Gelege im Amselnest im Auge zu behalten. Oder es erzählte dem Lehrer nach einem Unwetter, welch tiefe Furchen das Wasser in den Acker gerissen und wie der Rückstau tafelförmige Abstufungen hinterlassen hatte. Da mußte der Lehrer denn nun gleich mit seiner ganzen Schar hinaus, der Stundenplan geriet ein wenig aus den Fugen, aber was tat's? Denn da draußen fand sich in vollendeter Miniaturausgabe, von einem Regenguß in Minutenschnelle geschaffen, wozu in der Vorzeit die Urgewalt reißender Ströme Jahrtausende benötigt hatte. Wintertags, wenn die Wege verschneit waren, lernte es von den Größeren ganz von selbst, sich in den Spuren auszukennen, die Hase und Reh, Fuchs und Marder untrüglich gezeichnet hatten.

O ja, der Schulweg das Jahr hindurch war schon ein beredter Lehrmeister, gut und gerne seine hundert Unterrichtsstunden wert, die keine Schule der Welt zu bieten hatte. Die Landkinder gingen ihn durch den heißen Staub des Sommers und durch die eisigen Schneewehen des Winters, ganz gleich, sie waren immer wachen Sinnes unterwegs und schleppten ihre Erlebnisse körbeweise in die Schulstube. Ein spätes, nachträgliches Lob dem Lehrer, der all die Dinge nicht so achtlos beiseite schob, sondern das Zusammengetragene in das Mosaik des kindlichen Weltbildes einzufügen verstand.

Heute ist das alles nicht mehr nötig, denn die moderne Gesellschaft, so sagt man, verlange nach neuen Erkenntnissen und anderem Wissen. Die ehemaligen Schulwege, die reinsten Lehrpfade voller Wunder und abenteuerlicher Eroberungsmöglichkeiten, die sich aus allen Himmelsrichtungen auf die kleine Landschule zu schlängeln, sind verwaist. Große Omnibusse schaukeln nun in eiliger Fahrt die Kinder aus den kleineren Dörfern in weitentfernte Zentralschulen, und was da draußen an den beschlagenen Fenstern flüchtig vorbeihuscht, bleibt unbeachtet am Wege liegen. Unbeachtet, unbetastet, unerkannt.

Das alles kündigte sich damals lautstark an, als ich den Wanderstab in die Hand zu nehmen gedachte. Ich wollte gehen, ehe man mich gehen hieß. Ich wollte nicht mehr dabei sein, wenn von Amts wegen die Pforte meiner kleinen, geliebten Landschule gewaltsam geschlossen wurde. Gewiß, ein erzwungener Abschied einige Jahre später wäre ein leichterer Abschied gewesen. Es muß ja sein, hätte ich mir dann einreden können, und mit mir wären meine Kinder gegangen, die kühnen Pläne der Neuerer hätten sie in alle Winde zerstreut.

Alledem wollte ich zuvorkommen. Doch als der Tag des Abschieds nahte, war es mir, als müsse ich aus der Geborgenheit der Heimat in eine unendlich weite und trostlose Fremde ziehen. Zu viel Liebe und Freundschaft, die mir in den langen

Jahren zugewachsen waren, ließ ich dort zurück. Da saßen meine Rangen ein letztes Mal vor mir, der neue Lehrer stand schon an meiner Seite, und das war vielleicht gut so. Gewiß waren die Kinder auch heute mit seltsamen Gefühlen in die Schule gekommen, die Großen mit selbst gewerkten und darum für mich so wertvollen Abschiedsgeschenken, und die Kleinen schleppten Arme voll Blumen heran, nicht von Elternhand kunstvoll gebunden, sondern unterwegs mit Eifer zusammengerupft. Immerhin lenkte der neue Lehrer die Aufmerksamkeit der Kinder ein wenig auf sich, sie wollten ja gleich erkunden, ob sie ihm mit dem selben Vertrauen begegnen könnten.

Und während mein Nachfolger einige Worte an die junge Schar richtete, ließ ich meinen Blick noch einmal langsam in die Runde gehen, so wie ich es damals am ersten Tage getan hatte, als mich der Willkommensgruß der Kinder so ganz und gar aus der Fassung gebracht hatte. Daran mußte ich jetzt wieder denken und auch an ihr Angebot guter Freundschaft. Hatte ich mich ihrer würdig erwiesen in all den langen Jahren? O, wie manches Mal hätte ich aus der Haut fahren mögen, ich geb's ja ehrlich zu, wenn kindlicher Übermut oder Unverstand den dünnen Faden der Geduld zum Zerreißen spannten! Einmal – ich erinnerte mich gleich – war ich mit ihnen auf der Frühlingswiese, um Blumen und Kräuter zu bestimmen, eine anstrengende Arbeit für jemanden, der sich selbst nicht so recht im hundertfältigen Blühen auskennt. Auf einmal schaukelte ein Schmetterling durch den blanken Morgen, ein simpler Kohlweißling nur, der überdies noch so tollpatschig war, ausgerechnet über unsere Köpfe hinwegzutaumeln. Und da war auch die ganze Meute schon hinter ihm her und tobte lärmend über Zäune und Hecken. Nur der Schulmeister hockte noch allein mit seiner Kunst auf der Wiese und kämpfte mühsam seinen gerechten, aber dummen Zorn nieder.

Oder ich erinnerte mich eines meiner Geburtstage, als ich in der Abenddämmerung seltsame Geräusche vor dem Fenster vernahm. Die Einsamkeit, in die das Schulhaus eingebettet war, erzeugte ohne Unterlaß Töne und Stimmen, an die ich gewohnt war. Der Wind, vielerlei Getier, morsches Geäst – das alles sorgte dafür, daß mir die Abgeschiedenheit nicht in einer Totenstille unerträglich wurde. Das Geräusch, anders als sonst, verlor sich auch bald wieder, aber dann dauerte es gar nicht lange, bis unvermittelt ein vielstimmiges Miauen einsetzte. Als ich flugs nach draußen eilte, sah ich die Bescherung: man hatte mir, der ich zugegebenermaßen keine Katzen ausstehen konnte, einen Flechtkorb auf den Hof gestellt, in dem es von jungen Miezen nur so wimmelte. Von den Wohltätern war keine Spur mehr zu sehen, die Dämmerung hatte sie schnell verschluckt. Nur ein leises Kichern noch glaubte ich drüben aus dem Hohlweg zu vernehmen. Ich ließ es dabei bewenden, denn es war ja klar, daß meine Rasselbande diesen Streich ausgeheckt hatte. Und bald erfuhr ich dann auch, daß im Dorfe alle jungen Katzen verschwunden seien, und das am hellichten Tag! Man müsse wohl wieder mehr auf streunende Hunde achtgeben, hieß es.

Glaube nur keiner, daß ich meine Lausbuben verpfiffen hätte, so sehr ich auch in den nächsten Tagen mit meinen dutzend Katzen beschäftigt war. Es waren ja nur Schelmereien, die, im Nachhinein betrachtet, mir ein zweifaches Gutes bescherten: Ich mußte mich notgedrungen mit den Kätzchen abgeben und habe seither meine Abscheu gegen die Tiere ganz und gar verloren. Ja, als der Theo und der Klaus etwas später einen strammen Kater im Dorf einfingen, ihm eine Blechdose an den Schwanz banden und das entsetzte Tier mit seinem lärmenden Gepolter durch das Dorf jagten, habe ich den beiden Übeltätern gehörig den Kopf gewaschen, wenn ich mir auch bei der Schelte eingestehen mußte, daß ich als Junge ähnlichen Schabernacks fähig gewesen war.

Und das andere Gute, ach, es ist eigentlich das Schönste daran: So oft ich mit meinen früheren Schülern zusammentreffe, kommt die Katzengeschichte zur Sprache, und der Spaß wird in der Erinnerung Jahr für Jahr größer, daß das Lachen kaum ein Ende nimmt, beim Düpierten ebenso wie bei meinen nächtlichen Wohltätern von damals.

Aber in der Stunde des Abschieds war die Erinnerung an die Streiche meiner Rangen noch so taufrisch, und weil es mir vergönnt ist, mich jederzeit und schonungslos meiner eigenen tollkühnen Streiche aus der Jugendzeit zu erinnern, nahm ich sie gelassen hin. Mir schien, sie gehörten nun mal zum Wachstum eines jeden Menschen, der später Anspruch auf Gescheitheit erheben will.

Solche und andere Gedanken gingen mir durch den Kopf, während ich die Stimme des neuen Lehrers wie aus der Ferne vernahm. Solange der redete, ward meinem eigenen schweren Abschied Aufschub gewährt. Zum Glück trat gleich darauf der Bürgermeister ins Klassenzimmer, um mir das Lebewohl der Schulgemeinde zu sagen. Der gute Mann ahnte wohl, daß das Ende der kleinen Landschulen bevorstand, und vielleicht war auch seine Frage nicht so ganz abwegig, ob mit ihrem Ende dann wohl auch das Herz des Dorfes aufhören würde zu schlagen.

Der Reden waren genug gehalten, und es war nun an mir, etwas zu sagen, ehe ich hinausging und die ganze liebe Schar zurückließ. Aber es war wie damals vor vielen, vielen Jahren, als ich zum ersten Male das Schulzimmer betrat: Meine Stimme versagte, erstickte in der Wehmut des Abschieds. Die Kinder spürten das, wie sie einst meine Unsicherheit und Verlegenheit mit sicherem Instinkt geahnt hatten. Ihre Augen wandten sich verlegen ab, berührte sie mein Fortgehen denn auch ein wenig schmerzlich? In meiner Eitelkeit hoffte ich es. War ich ihnen nicht nur ein Lehrer, sondern auch ein Freund gewesen, der ältere, väterliche Kamerad? Sehnlich wünschte ich mir in dieser Stunde, daß es so sei.

Ich sah auch die Gesichter derer vor mir, die daheim in Trostlosigkeit und Bitterkeit leben mußten, weil ihnen der Vater fehlte; es waren derer nicht wenige. Dem einen hatte man in der Fremde ein Soldatengrab schaufeln müssen, der andere war seine eigenen Wege gegangen, wie es in den Nachkriegswirren ja nicht selten geschah. Gleichwie, ich hatte mich jener Kinder besonders angenommen und ihnen versichert, an Vaters Statt an ihrer Seite zu stehen, wo immer es nottat. Jetzt aber ließ ich sie zurück, die Vaterlosen.

Vaterlos?

Ein altes chinesisches Sprichwort kam mir in den Sinn: „Wer dich nur einen Tag unterrichtet hat, ist ein Leben lang dein Vater".

Mit diesen tröstlichen Gedanken ging ich aus meiner kleinen Landschule fort, denn sie alle, alle blieben ja meine Kinder.

Ein Leben lang ...